KB266957

밥 짓는 여자들

밥 짓는 여자들

초판 1쇄 발행 2026년 2월 27일

지은이 정다정
펴낸이 강수걸
편집 오해은 강나래 이선화 이소영 이혜정
디자인 권문경 조은비
펴낸곳 산지니
등록 2005년 2월 7일 제333-3370000251002005000001호
주소 부산시 해운대구 수영강변대로 140 BCC 626호
전화 051-504-7070 | 팩스 051-507-7543
홈페이지 www.sanzinibook.com
전자우편 sanzini@sanzinibook.com
블로그 sanzinibook.tistory.com

ISBN   979-11-6861-594-6 03330

학교 급식 노동자들의 일과 삶

정다정 지음

밥 짓는 여자들

산지니

이 책은 나의 여성학과 논문 「학교 급식 노동자의 모순적 경험과 대응」을 토대로 작성되었다. 논문을 쓴 시기는 2022년으로 책 집필 시기인 2025년과는 약 3년 정도 시간 차이가 있다. 3년 사이에 급식실의 많은 것들이 바뀐 건 아닐까 하는 걱정이 앞서기도 했지만, 그럼에도 책 출간을 결심하게 된 이유는 3년 전 학위 논문을 급식 노동을 주제로 쓰겠다고 결심한 이유와 같다. 논문 주제를 고민하던 3년 전 어느 날, 나는 학과 동기와 학교 캠퍼스를 산책하고 있었다. 논문 때문에 막막했던 우리 둘은 뭐라도 해보자며 학교 도서관에 매일 출석 도장을 찍었다. 오전 내내 열심히 고민에 빠져 있다가 출출해져 점심을 먹고 도서관으로 다시 돌아오는 길이었다. 나는 동기에게 논문의 주제를 잡기가 어렵다며 막막함을 토로했고, 그 말을 들은 동기는 내게 이런 말을 해주었다. "적어도 1년이라는 시간 동안 논문을 써야 하는데, 내가 정말로 관심 있고, 좋아하고, 또 사랑하는 것을 주제로 해야 이 시기를 버틸 수 있지 않을까?"라고.

스스로에게 질문해 보았다. 내가 사랑하는 건 뭘까? 내가 적어도 1년 동안 치열하게 고민할 수 있는 주제는 무엇일까? 여성, 노동자, 비정규직, 청소 노동자, 학교 급식 노동자 같은 키워드가 떠올랐다. 또 여성 노동자들이 주로 수행하는 노동에 대한 무시와 평가절하들, 그럼에도 불구하고 자신의 일을 사랑하며 자부심을 가지고 일하는 사람들이 떠올랐다. 그중 가장 사랑하는 존재는 단연코 학교 급식 노동자였고, 나는 그들을 주제로 논문을 쓰기로 결심했다.

왜 학교 급식 노동자였을까? 나의 어머니가 12년 차 급식 노동자이기 때문이었다. 조리실무사로 일을 시작하신 어머니는 조리사로 오래 근무하셨고, 올해부터 다시 조리실무사로 근무하고 있다. 창피하지만 솔직하게 고백하자면 나도 처음에는 어머니가 학교 급식 노동자임을 주변에 얘기하지 못했다. 누군가 어머니의 직업을 물어보면 "학교에서 일하신다."라고 얼버무리곤 했었다. 왜 그랬을까? 나 역시 여성의 노동에 대한 사회의 평가절하를 그대로 답습하고 받아들였기 때문일 것이다.

그러다가 어느 순간, 일하는 어머니를 다른 시선으로 보게 되었다. 언제부터일까? 곰곰이 생각해 보면 그 계기는 어머니가 노동자로서 자신의 부당함을 이야기했을 때부터였던 것 같다. 급식 노동자를 향한 어느 국회의원의 비하 발언에 대해 분노하며 이야기할 때, 그제야 나도 '급식 노동자는 밥하는 동네 아줌마'가 아니라는 것을, '조리사'나 '조리실무사'와 같이 노동자로서 호명되어야 한다는 것을 비로소 깨달았다. 이후 어머니는 노동자로서 자신을 둘러싼 차별과 무시에 열심히 목소리를 내기 시작했다. 노조 가입을 시작으로 시위에도 자주 참여하시며 동료들과 같이 분노하고, 싸우고, 좌절하며 또 배워나가셨다. 그 모습이 어머니의 직업을 긍정하지 못했던 어리석은 딸의 생각을 허물고 바꿔놓았다. 차별적인 노동조건과 사회의 조롱 섞인 시선들, 열악한 일터는 여전했지만 그럼에도 어머니를 비롯한 학교 급식 노동자들은 그 힘든 일을 감내하며 묵묵히 자리를 지켜온 존재들이었고, 연대하며 투쟁해 조금씩 세상을 변화시킬 줄 아는 빛나는 여성 노동자들이었다.

그래서 나는 내가 사랑해 마지않는 학교 급식 노동자를 주제로 글을 써야겠다고 결심했다. 나는 글에서 급식 노동자들의 숙련된 노동 경험을 드러내고자 했다. 그동안 학교 급식 노동자들의 이야기는 열악한 노동환경, 고중량을 다루는 힘든 일, 부당한 처우, 산재 등과 관련된 내용이 많았다. 모두 다 중요하고 꼭 필요한 이야기이지만 나는 그들이 얼마나 숙련된 기술과 전문성을 가진 노동자인지를 이야기하고 싶었다. 그와 더불어 그들의 숙련이 인정되지 않는 원인을 분석해 보고자 했다.

이 책은 다음과 같이 구성되어 있다. 1장에는 학교 급식을 연구하기로 한 내가 짧은 기간이지만 학교 급식실에 보조인력(배식 도우미)으로 취업한 계기와 과정, 내가 만났던 급식 노동자들이 누구인지와 전반적인 급식실의 업무 과정 등이 소개되어 있다.

2장에서는 학교 급식의 역사와 학교 급식 일자리가 기혼 여성 중심 직종이 된 과정을 살펴보고, 기혼의 자녀가 있는 여성들에게 '일·가정 양립'하기에 적합한 일자리로 홍보되어온 학교 급식 일자리가 실제로 그러한지 노동자들의 경험을 통해 알아보고자 한다.

3장에서는 학교 급식 노동자들은 누구이며, 그들이 어떻게 학교 급식 일자리에 진입하게 되었는지 인터뷰를 바탕으로 살펴본다. 또한 나의 급식실 근무 경험과 인터뷰 내용을 바탕으로 학교 급식이 매일 어떤 과정을 거쳐 완성된 음식으로 학생들에게 제공되는지 알아보고, 학교 급식 노동을 둘러싼 편견들이 실제와 얼마나 차이가 있는지 학교 급식 노동자들의 노동 경험을 통해 비교해보고자 했다.

4장에서는 학교 급식 노동자들의 현실을 다루었다. 그들이 처해 있는 문제 즉, 높은 배치 기준과 부족한 노동력, 작업 환경이 얼마나 위험한지 기술하였다. 아울러 안 그래도 위험하고 강도 높은 일을 하는 그들을 더 힘들게 하는 요소들이 무엇인지 내가 관찰한 내용과 인터뷰를 통해 알아보았다.

5장에는 급식 노동자들을 둘러싼 녹록지 않은 상황에도 주저앉기보다 다양한 방법으로 대응하는 여성들의 모습을 담았다. 일에 대한 평가절하를 그대로 받아들이지 않고 자신들 스스로 의미를 구성하는 주체적인 모습과, 학교 내 수직적인 관계를 역전시키는 모습, 또 노조 활동을 통해 대응하는 모습을 담아보았다.

이 책이 나오기까지 도와주신 분들에게 감사드린다. 우선 학교 급식 노동자의 이야기에 관심을 가지고 책 출간 제의를 해주신 오해은 편집자님과 산지니 출판사에 감사드린다. 덕분에 학교 급식 노동자들의 다양한 모습이 알려질 수 있게 되었다. 또 자신들의 경험과 노하우를 스스럼없이 나누어준 16명의 급식 노동자분들께도 이 자리를 빌려 감사드린다. 대뜸 급식실에 연구하러 나타난 내가 이상할 수 있었을 텐데 따뜻하게 맞아주시고, 또 솔직하게 경험을 이야기해주셔서 책이 완성될 수 있었다. 아울러 선뜻 제목을 같이 고민해준 한솔, 항상 힘이 되어주는 나의 두 동생 다운과 다민, 내가 글을 완성할 수 있게 내 옆을 지켜준 병민, 인터뷰와 섭외에도 도움을 준 나의 이모와 노동의 자부심을 가르쳐준 아버지에게도 감사드린다. 마지막으로 이 책의 출발점인 나의 어머니에게 감사드리고 싶다. 멋진 여성이자 노동자인 어머니가 있었기에 이 책을 시작하고 완성할 수 있었다.

이 책의 제목은 『밥 짓는 여자들』이다. 편집자님이 가안으로 주신 제목이 '밥하는 여자들'이었는데 보면 볼수록 마음에 들어 제목으로 하되 '밥 짓는'으로 바꾸었다. 우리 사회에서 종종 학교 급식 노동자를 '밥하는 아줌마'라고 낮춰 부르기도 한다. 급식 노동자들을 둘러싼 사회의 차별과 무시, 힘들고 열악한 노동 조건과 환경에서도 노동자들은 묵묵히 밥을 지어 학생들을 먹이고 돌본다. 그들이 제자리에서 역할을 해주지 않으면 학교는 온전히 돌아가기 어렵다. 학교 급식 노동자들의 총파업이 예고되면 아이들의 영양 섭취가 제대로 이루어지지 못한다며 염려하는 기사가 나오는 것만 봐도 학교 급식이, 그리고 급식을 제공하기 위해 노력하는 노동자들이 학교 운영에 얼마나 중요한 존재인지 알 수 있다. 그래서 차별의 말인 '밥하는 여자들'을 역으로 뒤집어 전복시키자는 의미에서 제목을 정했다. 마치 학교 급식 노동자들을 일컬어 '학교에서 밥하는 여자들'이라고 낮추어 부를 때, "학교에서 밥하는 여자라고? 그래, 나 밥하는 여자다!"라고 굴하지 않고 맞받아치는 목소리처럼 말이다. 그녀들의 목소리에는 학교 급식 노동자들이 가지는 일에 대한 자부심, 자기 자신을 긍정하며 나아가 부당함을 바꾸기 위해 싸우는 노동자로 스스로를 정체화해 가는 과정이 압축되어 있다고 본다. 다만 급식 노동자들이 사각형 급식판 위 밥 한 끼에 담는 정성과 노고, 온기와 애정이 제목에 담길 수 있도록 '밥하는'을 '밥 짓는'으로 바꾸었다. 오늘도 학교 급식 노동자들은 학생들에게 맛있는 한 끼를 먹이기 위해 밥을 짓는다.

차례

일러두기

이 책에 등장하는 인물들은 모두 가명으로 처리하였으며, 인터뷰 내용을 발췌하여 사용할 때에는 최대한 화자의 말을 있는 그대로 사용하고자 하였다. 다만 말을 글로 옮기면서 미처 담지 못해 독자의 이해가 어렵다고 판단되는 부분은 필자가 화자의 의도에 어긋나지 않는 선에서 소괄호 '( )' 안에 설명을 추가하여 이해를 돕고자 했다. 인터뷰 중 필자의 말은 대괄호 '[ ]' 안에 표시하였다.

1장

그렇게 급식실로 출근하게 되었다

　학교 급식을 주제로 연구하기로 결심한 나는 곧바로 인터
뷰를 시작했다. 인터뷰를 하기 위해 온라인 포털사이트의 학
교 급식 조리사 카페나, 중고 판매 어플에 인터뷰 공고를 올렸
으나 응하는 이가 없었다. 마음이 조급해져 결국 나의 든든한
조력자에게 도움을 구했다. 학교에서 조리사로 근무하고 있
는 어머니에게 주변에 인터뷰를 해주실 조리(실무)사가 있는지
물었다. 어머니는 전화 몇 통을 돌리더니 현재 재직 중인 조리
실무사, 조리사분들과 인터뷰를 잡아주었다. 흔쾌히 응해주는
분도 계셨지만 한편으로 ‘나는 말을 잘 못한다’라며 인터뷰를
망설이는 분도 계셨다. 어머니는 인터뷰가 어렵지 않고, 질문
에 떠오르는 대답만 해주면 된다며 설득했고 마침내 어머니의
직장 동료들, 어머니가 노조 활동을 하면서 알게 된 조리사,
조리실무사 선생님들, 그리고 다른 지역에서 조리실무사로 일

하고 있는 이모의 동료들을 차례차례 인터뷰할 수 있게 되었다. 어머니와 이모의 섭외력이 있었기에 연구가 진행될 수 있었다.

인터뷰에서는 기본적인 인적 사항과 더불어 학교 급식 일을 시작하게 된 계기, 급식 노동 과정, 일을 하며 느낀 고충이나 보람 등을 질문하였다. 인터뷰에 참여해주신 분들은 전부 기혼 유자녀 여성으로 40대 후반에서 60대 중장년층이었고, 학교 급식 일에 종사하기 전에는 마트 캐셔, 소규모 음식점과 같은 서비스 직종이나 의류 등을 만드는 제조업에 종사하기도 했다. 학교 급식 일을 하기 전에 '(급여를 받는) 일을 하지 않았다'라고 대답한 경우도 있었는데, 이야기를 더 나누어보면 집에서 소위 '부업'이라고 칭하는 일을 한 경우가 대부분이었다.

인터뷰를 통해 만난 조리(실무)사들은 세척이나 조리 과정, 배식, 청소 등 급식 업무를 보조하는 일(급식 보조인력, 현장에서는 도우미로 불림)을 거쳐 현재의 조리(실무)사로 일을 하는 경우도 많았다. 자녀를 어린이집이나 초등학교로 등원, 등교시킨 뒤 자녀들이 집으로 돌아오는 시간까지(오전 10시부터 오후 2시~3시) 근무할 수 있는 급식 보조일을 하다가 이후에 그 경력을 살려 조리(실무)사로 근무하게 된 경우도 있었고, 학교에 취업하여 급식일을 하기 전 일 경험을 쌓기 위해 급식 보조일을 한 경우도 있었다.

급식실에는 식당을 포함한 급식실 전체를 관리·감독하고 식단을 구성하는 영양(교)사와 구성된 식단에 맞춰 음식을 조리하고 급식실 청소 및 관리를 실행하는 조리사, 조리실무사가 있다. 그중 급식조리사는 조리사 자격증을 취득한 자로서 실무와 더불어 급식의 조리·배식 과정, 청소·위생 등을 체크하며 급식실에 대한 관리 책임을 영양(교)사와 함께 공유한다. 또한 조리사는 실무사들의 업무를 조정하거나 업무 지시를 내리기도 하고, 학교마다 차이는 있지만 조리 시 음식 양념을 진행하거나 완성된 음식을 영양사에게 검식 받기 전 중간 점검을 하기도 한다. 조리실무사는 급식실에서 조리와 청소 등을 진행한다. 경력이 오래된 조리실무사의 경우 때에 따라 조리사처럼 조리 과정 전체를 파악하고 다른 직원들에게 일을 지시하기도 한다.

나는 그들을 인터뷰한 내용을 바탕으로 그들의 일과를 정리하고, 업무 강도를 상상해보았다. 급식실에서만 사용하는 용어나 급식에 사용되는 도구 등이 인터뷰에 등장하면 포털사이트에 검색하거나, 그게 무엇인지 직접 물어보기도 했다. 또 학창 시절 급식실에 갔던 기억을 떠올려보기도 했다. 그러나 내가 가진 한정된 경험만으로는 그들의 노동을 이해하기 어려웠다. 그들이 언급했던 '롱스푼, 무침기, 삽질' 같은 단어들이 섞인 인터뷰를 다시 들어보면서 그들이 이야기한 롱스푼은 도

<**표 1**> 내가 만난 학교 급식 노동자들

만난 방법	지역	이름 (가명)	연령	학교 (급식 인원)	직위	경력
인터뷰	경기	미영	50대 초반	고 (약 800명)	조리실무사	10년
		영미	50대 초반	초 (약 900명)	조리실무사	20년
		영숙	50대 초반	고 (약 800명)	조리실무사	19년
		영희	50대 후반	중 (약 780명)	조리사	20년
	서울	은정	40대 후반	초 (약 360명)	조리사	3년
		연주	50대 후반	중 (약 550명)	조리사	14년
		지영	50대 초반	고 (약 550명)	조리사	10년
		은영	60대 초반	중 (약 550명)	조리실무사	19년
		선영	50대 후반	고 (약 900명)	조리실무사	10년
		정희	50대 후반	중 (약 550명)	조리실무사	17년
동료	서울	미경	50대 초반	중 (약 550명)	조리사	10년
		혜진	40대 후반		조리실무사	10년
		자현	50대 후반		조리실무사	5개월
		현주	40대 후반		조리실무사	7년
		선경	50대 후반		급식보조인력	1년
		수진	40대 초반		급식보조인력	5년

대체 어떻게 생긴 것이며, 무침기는 무침을 할 때 쓰는 기계인 건지, 삽질한다는 건 음식량이 많아 비유적으로 삽질을 한다고 표현하는 건지 알 수 없었다(급식실과 같은 대량 음식을 조리하는 시설에서는 삽을 조리 도구로 사용한다). 급식 노동에 대해 제대로 경험해 본 적이 없으니 이들의 노동을 제대로 이해할 수 없었다. 그래서 급식 일을 직접 경험해봐야겠다고 생각했고, 서울의 한 중학교의 시간제 배식원(배식 도우미) 채용 공고에 이력서를 넣었다. 나 이외에는 지원자가 없어 운 좋게 경력도 없는 내가 채용되어 근무할 수 있었다.

〈표 1〉은 인터뷰와 급식 보조일을 하면서 만났던 급식 노동자들을 정리한 것이다. 나는 서울과 경기도의 초, 중, 고등학교 급식실에서 근무하는 급식 노동자 16명을 만날 수 있었다. 이들은 모두 기혼 유자녀 여성들이었고, 대부분 10년 이상의 경력을 보유한 베테랑이었다.

출근 첫날. 12시까지 출근이었지만, 11시 35분쯤 급식실 앞에 도착했다. 급식실 입구에서 어색하게 기다리고 있는데 50대로 보이는 여성분이 나에게 인사를 해주었다. 선경이었다. 자신은 방역 도우미(코로나19가 기승을 부리던 때 방역을 위해 급식실 책상이나 책상 위 투명 가림판 등을 소독하는 업무를 담당)이며 앞으로 나와 같이 일하게 될 것이라고 소개해주었다. 선경과 함께 급식실로 들어가 다른 분들에게 인사를 하고, 급식실 한편에 딸린 청소도구함에서 옷을 갈아입었다. 장화를 신고, 선경이 빌려준 흰색 반팔 칼라티셔츠를 입은 뒤 배식용 녹색 앞치마와 흰색 모자를 쓰고 나와 조리실 쪽으로 갔다. 내가 일했던 급식실에는 영양교사 1명, 조리사 1명, 조리실무사 3명과 나를 포함한 급식 보조인력 4명(설거지를 돕는 세척 도우미 1명, 배식 도우미 2명, 방역 도우미 1명)까지 총 9명이 근무하였다. 나와 같은 업무를 하는 배식 도우미 수진이 이미 먼저 도착해 일을 시작하고 있었고, 나에게 업무를 알려주었다. 업무에 관해 차근차근 설명할 시간이 충분하지 않았으므로 일을 바로 시작했다. 그때그때 수진이 시키는 일을 하거나, 수진이 하는 일을 눈치껏 따라 할 수밖에 없었다.

출근 첫날 근무를 마치고 조리실무사 혜진과 행정실을 방문해 계약서를 작성했다. 근무시간은 월요일에서 금요일, 오후 12시에서 2시 50분까지로 하루에 2시간 50분이었다. 주에 15시간을 근무하면 발생하는 주휴수당을 지급하지 않기 위해 하루 3시간을 넘지 않도록 근무시간을 설정한 것이다.

그렇게 나는 배식 도우미로 한 달간 일했다. 그런데 그 한 달 동안 조리(실무)사들이 조리하고 세척하는 과정을 관찰할 수가 없었다. 조리가 진행되는 시간은 오전 8시부터 11시 30분까지이고, 세척이나 청소는 배식 이후부터 오후 3시까지 진행된다. 나는 배식 도우미였기 때문에 조리 과정이 다 끝난 뒤에 출근하고, 또 세척실에서 식판 세척이나 조리실 청소가 진행될 때는 급식실을 청소해야 했기 때문에 이들의 근무를 다 관찰하기 어려웠다. 그래서 급식실에서 일한 지 한 달쯤 되었을 때, 양해를 구하고 한 달 동안 오전 7시 30분에 출근하여 조리실 내 업무 보조를 하면서 조리(실무)사들의 업무를 관찰했다. 오전에 조리(실무)사들과 함께 음식을 조리하고 배식을 한 뒤 오후에는 본래 업무인 급식실 식당 청소를 하였고, 두 차례 정도 조리실무사들과 업무를 바꾸어 세척실로 들어가 세척 일을 진행하였다.

사실 경력이 없었던 내가 할 수 있는 일은 많지 않았다. 애초에 배식 도우미로 취업했고, 급식 노동을 연구한다는 것과 짧은 기간만 일을 할 수 있다고 밝혔기 때문에 나는 그들에게 급식실 노동자, 동료보다 학생, 아가씨 등으로 정체화되었다. 조리(실무)사들은 내게 숙련이 필요한 업무를 맡기기보다는 비교적 쉽게 할 수 있는 보조 업무를 주로 지시하였다.

업무를 하면서는 틈틈이 시간에 따른 업무, 내가 관찰한 것과 느낀 점 등을 펜으로 메모하려고 했으나 급식실은 항상 분주하고 정신없이 돌아갔기 때문에 쉽지 않았다. 점심을 먹고 배식 전 5~10분 정도 짬이 났을 때를 활용해 틈틈이 메모하고, 업무가 끝난 뒤에는 기억이 휘발되기 전 메모를 보며 기억을 복기해 관찰 일지를 적었다.

　〈표 2〉는 나의 경험을 바탕으로 급식실 업무 시간표를 작성한 것인데, 시간 순서대로 간략히 노동 과정을 기술하였다. 더 자세한 급식실 노동 과정은 뒤쪽에서 다룬다.

　내가 근무했던 곳은 나를 포함한 인원 8명(영양교사 제외)이 근무하였으며, 급식 인원 약 500명을 대상으로 중식만을 진행하는 학교였다. 또 학교 식당에서 배식을 진행하는 곳이었다.

　급식실의 업무는 크게 오전 업무와 오후 업무로 나뉘며 주로 오전 업무는 전처리실과 조리실에서, 오후 업무는 식당과 세척실에서 진행된다. 급식실은 크게 '전처리실', '조리실', '세척실'과 학생들이 밥을 먹는 '식당'으로 나뉜다. 전처리실에서는 재료를 씻고 다듬는 '전처리 과정'이 진행된다. 전처리가 완료된 재료는 조리실로 넘겨져 조리된다. 이후 오후에 조리가 완료된 음식을 식당에서 학생들에게 배식하고, 그 후 식당과 세척실, 조리실을 중심으로 청소가 이루어진다. 보통 조리(실무)사들이 당번을 맡느냐, 어떤 메뉴를 맡느냐에 따라 오전 업무가 달라졌으며, 오후 업무는 어떤 배식대에 서느냐에 따라 달라졌다. 만약 오후에 1 배식대에 서게 되면 추가 배식과 조리실 및 휴게실 청소를 맡고, 2 배식대에 서게 되면 1 배식대 조가 추가 배식을 하는 동안 잔반과 사용한 식기(식판과 수저 등)를 끌고 세척실로 들어가 세척할 준비를 하고, 세척 업무 후

〈표 2〉 근무했던 학교 급식실의 시간대별 노동 과정

구분	시간	업무	
검수 및 전처리	07:00 ~ 08:00	당번	• 급식실 내 기기의 전원 켜기, 소독 발판 세팅 • 금일 사용할 식재료와 물품 검수(신선도, 개수 등) • 전처리(재료를 씻고 다듬기)
		당번 외	• 출근 및 환복 • 교직원 식당 내 식판, 수저, 국그릇 등 세팅 • 빨래한 행주, 목장갑, 작업복 널기
아침조회	8:00 ~ 8:30	• 당번이 검수 내용 공유 • 금일 메뉴(사용할 잡곡의 양, 음식 조리 방법 등) 및 배식 관련 의논(누가 어느 것을 담당하여 배식할지 등)	
조리	8:30 ~ 11:20	• 전처리한 채소 썰기, 다지기 • 전처리실 청소 ※ 각 조리(실무)사는 '국, 밥, 주찬(메인반찬), 부찬, 김치, 후식'을 담당하며, 잠시 시간이 빌 경우 다른 사람의 일을 도우며 진행한다. 음식을 다 만들고 나면 조리사, 영양교사에게 최종 검식과정을 거치며, 식중독 사고가 발생했을 때의 역학조사를 위해 영양교사실 옆 '보존식 냉장고'에 일정량의 완성된 음식을 넣어 보관한다. • 국 담당: 솥에 물을 붓고 육수내기, 국에 들어갈 재료 손질하기, 국 조리 및 검식, 전기보온국통에 국 나누어 담고 식당에 배치 • 밥 담당: 쌀 및 잡곡을 씻고 불려놓은 뒤 쌀과 잡곡 섞어놓기, 취사기(밥솥 7개)에 쌀과 물을 계량하여 넣고 밥 조리, 조리가 다 된 밥솥 꺼내 주걱으로 밥 섞어놓기, 김치 썰어 담아놓기, 후식 개수 세어 담고 식당 냉장고에 넣기 • 주찬 담당: 주찬에 들어갈 재료 손질, 주찬 조리, 완성된 음식 검식 후 바트에 음식을 담아 온(또는 냉)장고에 넣기 • 부찬 담당: 주찬과 비슷한 과정	

	11:20
	~
	11:50
		• 조리실 정리(사용한 집기와 앞치마 등)
		• 교직원 식당 음식 세팅
		• 급식 보조인력 출근(세척 1명, 배식 2명, 방역 1명)하여 환복
		  배식 및 방역 도우미는 식당의 배식대에 음식 세팅
		  세척 도우미는 세척실에서 설거지 진행

점심식사	11:50 ~ 12:10	• 조리(실무)사 및 보조인력 점심식사, 조리(실무)사의 경우 음식을 먹으며 음식 최종 점검
배식대 세팅 마무리	12:10 ~ 12:30	• 배식대 세팅 마무리 및 누가 어떤 음식을 배식할지 최종 점검 • 배식 도우미 학생들 도착
배식	12:30 ~ 12:50	• 배식(1, 2 배식대로 나눠 진행) 및 추가 배식(1 배식대에서 진행)
세척	12:50 ~ 14:00	• 조리(실무)사: 식판(대략 500장) 및 집기 세척(주찬·부찬 담당 식판 세척, 밥·국 담당 추가 배식 및 국통 등 잔반통 정리), 음식물 쓰레기 정리 • 배식 도우미(2명): 식당 청소, 방역 도우미: 식당 내 가림판 청소, 세척 도우미: 설거지 진행
청소	14:00 ~ 15:00	• 조리(실무)사 2명씩 2조로 나누어 세척실, 조리실, 조리원 휴게실 청소 • 14:50에 급식 보조인력 퇴근
휴식 및 퇴근	15:00 ~ 16:00	• 샤워 및 작업복 빨래 • 내일 메뉴 및 배식 담당 의논 및 휴식 후 퇴근

세척실 청소를 맡게 된다.

　내가 일했던 학교처럼 중식만 하는 곳 이외에도 고등학교처럼 중식과 석식을 진행하는 학교도 있다. 이 경험은 중식과 석식을 같이 진행했던 조리(실무)사들과의 인터뷰를 통해 들을 수 있었다. 미영과 영숙은 인터뷰 당시 석식을 하지는 않지만, 이전에 고등학교에 근무하면서 석식까지 소화했던 경험을 들려주었다. 영숙이 근무한 곳의 인력은 8명이었으며, 석식을 하는 경우는 오전에 석식에 사용할 재료까지 전처리를 마치고, 12시에 중식 배식을 마친 뒤 3명은 급식실 청소를 하고 5명은 석식용 음식 조리를 시작한다고 했다. 일을 빨리 끝내기 위해 중식에 사용한 식판을 그때그때 세척해 놓아야 했으며, 이후 8명 중 2명은 4시에 퇴근하고 6명은 남아 석식 배식과 청소를 진행한다. 5시에 음식을 배식하고 6시부터는 청소에 들어간다. 7시에 업무를 마치고 8시까지 한 시간 휴식하고 퇴근한다. 영숙은 석식을 한 번 하고 나면 골병이 든다고 했다. 식중독 예방을 위해 음식을 미리 해놓을 수도 없고, 복잡한 메뉴가 중식과 석식에 겹치는 날이면 정말 눈코 뜰 새 없이 바쁘다고 했다. 미영은 석식을 하게 되면 추가 수당이 있지만, 차라리 추가 수당을 안 받더라도 석식을 피하고 싶다고 했다.

　또 내가 근무했던 곳처럼 급식실에 식당이 있어 식당 배식을 진행하는 경우도 있지만, 식당이 없어 교실 배식을 진행하는 경우도 있다. 교실 배식을 할 경우 점심시간 전(대부분 11시 10~20분경) 조리를 완료한 음식을 각 반 수에 맞추어 바트(스테인리스 통)에 나누어 담아 배식카에 실은 뒤 엘리베이터를 이용해 각 반에 음식을 올려준다. 학생들이 배식이나 식사를 시작하면 조리(실무)사도 급식실로 돌아와 점심식사를 한다. 그러나 식사 중간중간 음식이 모자라 학생들이 내려오면 식사를 중단하고 음식을 들고 반으로 뛰어가 모자란 음식을 채워주기도 한다. 학생들이 식사를 마치는 시간에 교실로 올라가 배식카를 급식실로 내린다. 인원을 반으로 나누어 몇 명은 배식카를 내려주고 몇 명은 밑에서 배식카를 받아 세척을 시작한다. 이렇게 중식만 하느냐, 중식과 석식을 같이하느냐, 배식을 식당에서 하느냐 또는 교실에서 하느냐 등에 따라 급식실의 업무나 강도가 달라진다.

다시 급식실 근무 첫날로 돌아가면, 그날 나는 신입이라는 이유로 양배추쌈 배식을 맡게 되었다. 배식 업무 중 그나마 쉬운 축에 속한다며 동료들은 나를 양배추에 배정했다. 12시 20분 정도가 되자 학생들이 급식실에 줄을 서기 시작했다. 조리(실무)사들은 나에게 한 학생당 양배추를 서너 장씩 주면 된다고 알려주었다. 길게 늘어선 줄을 보니 긴장이 되었다. 조리실무사 혜진의 "앞으로 한 명씩 오라"는 말이 떨어지기 무섭게 학생들은 식판과 수저를 들고 1, 2 배식대로 나뉘어 줄을 섰다. 집게로 양배추를 집어 배식해 주었는데 점점 손아귀가 아파와 양배추가 잘 집어지지 않았다. 결국 나 때문에 배식 속도가 느려졌다. 그때 옆에 있던 혜진이 면장갑 위에 위생장갑을 끼고 손으로 집어 배식하라고 알려주었다. 배식은 12시 20분에 시작해 12시 40분이면 얼추 마무리되었다. 20분 동안 두 개의 배식대에서 급식 노동자 7명(세척 도우미 제외)과 자원봉사 학생 4명이 대략 500명의 학생에게 배식한다. 배식이 시작된 후 나는 허리 한번 제대로 펴지 못했고 학생들이 중간중간 잘 먹겠다고 인사를 해도 대꾸할 여유가 없었다. 그저 끝날 줄 모르는 배식 행렬이 야속하기만 했다. 그 와중에 들려오는 조리사, 조리실무사와 학생들의 대화가 마치 나와는 다른 세상에 있는 사람들이 하는 것처럼 이질적으로 들렸다.

"맛있게 먹어. 뜨거우니까 조심해. 고기 조금 더 줄까? 너 왜 팔을 다쳤어?"

"언니, 국이 많이 남을 거 같으니까 양 지금보다 많이 줘요."

학생들의 식사가 거의 마무리되자 조리원들은 추가 배식대 하나만 열어놓고 사용한 식판과 음식물을 모아놓은 통을 밀고 세척실로 들어갔다. 조리사와 실무사들이 세척을 하는 동안 나와 수진은 배식대를 정리하고, 마지막으로 남은 잔반과 식판, 수저가 담긴 수조를 세척실로 밀어 넣어주었다. 몇백 장의 식판과 수저가 담긴 수조는 혼자 밀고 갈 수 없어 혜진과 함께 세척실로 밀고 갔다. 그 후에는 식당 청소를 시작했다. 수진과 나는 바닥에 떨어진 음식물과 쓰레기를 빗자루로 쓸어 담은 뒤 물걸레 청소를 하고, 선경은 책상과 의자를 행주로 닦았다. 코로나 시기였으므로 선경은 분무기로 소독액을 뿌려가며 책상과 의자를 닦았다. 청소 업무가 끝난 뒤 사용한 행주와 앞치마를 빨고 업무를 마무리했다. 식당을 보조인력들이 정리하면 조리사와 조리실무사는 조리실에 들어가 사용한 식판 500장과 수저, 음식을 조리할 때 나왔던 조리 기구 등을 세척하고 조리실, 세척실, 전처리실의 바닥 청소를 진행한다. 업무를 마치고 휴게실 안에 있는 샤워실에서 샤워를 한 후 오늘 입은 옷을 빨고 한숨을 돌리면 3시가 조금 넘는다. 남은 시간에 조리사와 조리원은 CCP[*]를 적고, 입었던 유니폼 등을 빨래하고, 내일 메뉴를 점검한 뒤 퇴근한다.

첫날, 업무를 마치고 다 같이 퇴근하는 길에 실무사인 혜진이 내게 "아이들이 예쁘지 않냐"라고 물었다. 아이들이 예쁘

---

[*] 급식 품질 안정성을 위해 2002년부터 도입한 제도로, 음식의 가열시간과 온도, 세척방법, 소독방법, 금속검출 등을 모니터링하여 기록지에 적는 작업을 CCP 라고 부른다. Hazard Analysis(위험요소분석)과 Critical control point(중점관리점)의 복합어(교육부, 2016).

냐고? 나는 어리둥절하며 "애들이요? 전 오늘 양배추만 봤는 데요?"라고 대답하자 같이 퇴근하던 조리사, 조리실무사들이 내 말에 푸핫 하며 웃음을 터뜨렸다.

이것이 내가 처음 급식실에서 일한 소감이자 기억이다. 허리를 펼 새도 없이 양배추 주기 바빴고, 청소하기 바빴는데 어떻게 아이들을 볼 수 있었겠는가? 고백하자면, 나는 급식실에서 일하는 두 달이라는 기간 동안에도 업무에 익숙해지기 급급했지, 아이들을 볼 여유는 생기지 않았다. 동료들처럼 아이들에게 먼저 말을 걸거나, 인사를 해주는 등의 일은 나로서는 사치였다. 새삼 배식도 해주며, 아이들을 챙기는 동료들의 모습이 대단하게 느껴졌다.

2장

왜 급식실에는 기혼 여성이 많을까

1
학교 급식의 시작:
아이들을 위한 학교 급식

본격적으로 학교 급식 노동에 대해 살펴보기 전, 학교 급식의 역사에 대해 알아보자. 한국의 학교 급식은 1953년, 결식 아동 구호를 목적으로 외국의 원조를 받아 처음 실시되었다. 1950년대 해방과 분단, 전쟁 등을 겪으며 고아, 미아, 기아 등이 대거 발생하였다. 한국 정부 스스로 아동 복지 정책을 펼칠 수 없는 상황이었기 때문에 실질적인 아동복지는 주로 외국의 원조 기관 지원을 통해 실행되던 시기였다(이혜경, 1993). 이 시기에는 주로 외국의 양곡 원조를 통해 마련한 탈지분유를 이용한 우유 급식이 실시되었다. 1966년에는 분유 이외에 밀가루나 식용유 등을 지원받았고, 각 시·도 교육청이 그 지역 제빵공장들과 계약해 빵을 만들어 급식하거나 빵을 만들기 어려운 경우 수제비나 건빵 위주의 급식이 이루어졌다. 이 시기는 아직 정부가 급식을 자체적으로 실시할 여력이 없었기 때문에 외국의 원조를 바탕으로 결식아동 대상 무료 급식을 실시하면서 부족한 영양을 보충하는 측면에서의 '구호 급식'이 이루어졌다(교육과학기술부, 2011).

이후 1973년부터 외국의 원조가 종료되면서 정부 주도의 자립 급식이 실시되었다. 이 시기에도 주로 빵을 급식하였는데, 일부 도시에서는 빵, 수프, 우유, 국수 같은 급식을 실시하기도 하였다. 그러나 1977년 서울 시내 학교 급식에서 제공된 빵으로 인해 식중독 사건이 발생하여 빵 급식은 중단되고 일부 도서벽지 및 농어촌의 자체 조리 형태 급식만이 부분적으로 이루어지게 된다(한국교육환경보호원, 2020; 교육과학기술부, 2011).

1979년 식중독 사건 이후 급식이 전면 중단되었지만 '어린이들의 발육, 건강 문제를 고려할 때 적극적으로 추진'[*]되어야 한다며 학교 급식의 중요성이 대두되기 시작한다. 1980년대 학교 급식의 중요성을 다룬 한 신문 기사를 보면 "어린이들의 식생활은 체력과 두뇌를 기르며 이는 곧 국력과 연결'[**]되기 때문에 학교 급식 실시가 매우 중요함을 강조한다. '어린이의 건강은 곧 국력'으로 이어지는 흐름에서 알 수 있듯 학교 급

---

[*] "학교 給食(급식) 부활 방침", 조선일보(1979.05.20.)
[**] "法制定(법제정)·政策的(경제적) 뒷받침 절실 擴大(확대)되어야 할 學校給食(학교급식)", 경향신문(1980.05.19.)

식은 국가의 미래 인적자원인 아동에 대한 투자라는 측면에서 그 필요성이 강조되고 있었고, 그 흐름 안에서 1981년 「학교급식법령」이 제정되어 학교 급식이 재실시되었다. 이 시기에는 학교급식법에 따라 초등학교 자체 내에서 조리를 할 수 있도록 했으며 도서벽지지역, 농어촌지역, 도시 간 급식 예산이 차등적으로 지원되었다. 학교 급식은 점차 취반시설(대규모 인원을 위해 밥을 짓는 전문 설비)을 갖춰가고 있었고, 빵과 밥 급식을 병행하여 진행되었다. 뿐만 아니라 위생 안전관리 강화를 위해 영양교사를 배치하는 등 학교 급식이 점차 제도화되어가고 있었다(한국교육환경보호원, 2020).

학교 급식의 확대:
일하는 엄마들을 위한 학교 급식

학교 급식 정책은 1990년대에 들어서면서 이전과는 다른 맥락에서 확대되기 시작한다. 앞에서 살펴본 것처럼 학교 급식은 1950년대에 구호를 목적으로 시작되었지만, 1970~80년대에는 그 의미가 아동의 신체 발달, 건강의 증진으로 목적이 변화하였다. 1990년대에 들어서 학교 급식은 이전보다 더 확대되었는데, 여기에는 '여성의 가사 부담 완화를 통한 여성의 사회참여 확대'라는 정책적 목표가 밑바탕이 된다.

여성들의 사회참여는 어떻게 학교 급식의 확대와 연결될 수 있었을까? 우선 한국 여성들의 경제활동 참여·확대의 흐름을 잠시 살펴보자. 산업화가 본격화되기 시작한 1960년대에는 어린 미혼 여성의 경제활동 참여가 제조업을 중심으로 증가하였다. 이후 1970~80년대에는 3차 산업이 확대됨에 따라 여성들의 금융, 보험, 유통 산업 내 취업이 증가하였다. 1980년대 이후에는 미혼 여성들의 진학 비율이 높아짐에 따라 이들의 빈자리에 기혼 여성이 유입되어 활용되어야 한다는 주장이 대두되면서 기혼 여성들의 경제 참여율이 높아지기 시작했다. 이로 인해 여성들의 노동시장 진입은 확대되었지만 노동시장 내 성차별, 가족부양의 책임을 여성의 몫으로만 보는 사회적 인식이 여전했으므로 일하는 기혼 여성들의 일·가정 이중 부담이 가시화되기 시작한다(강이수, 2009:54-65).

이와 같은 갈등을 해결하고자 여성계에서는 정책적 해결 방안을 제시하기도 하고, 국가 또한 남녀고용평등법 제정과 모성보호조치 및 보육대책 등을 제시하며 여성들의 일·가정 갈등을 조정하기 위한 노력을 시작한다. 그러나 이 같은 정책은 여성들의 일·가정 갈등 해소가 목적이기보다는 기혼 여성들을 유휴 인력으로 상정하고 이를 활용해 국가 경제 성장이라는 목적을 달성하기 위해 기혼 여성을 도구적으로 활용하였다는 비판을 받는다(장미경, 2009).

학교 급식 또한 위와 같은 맥락 안에서 일하는 기혼 여성의 자녀 양육을 지원하기 위하여 확대되었다. 정부는 '학교 급식 확대 실시'를 통해 기혼 여성의 가사 부담 중 하나인 '자녀 도시락' 부담을 완화하고자 하였다. 당시 김영삼 정부의 세계화 추진 구상을 담은 '세계화 구상'에 대한 내용을 살펴보면 한국의 여성의 사회 참여율은 증가해왔지만 여전히 선진국에 비해 부족하다고 밝힌다. 이는 노동시장 내 여성의 위치와 여성의 대표성이 낮기 때문으로 이를 개선하기 위해서는 전통적으로 여성의 일이라고 치부되어온 가족 책임을 완화하고 노동시장 내 성차별을 해소하여 궁극적으로 성평등에 대한 인식 개선을 해야 한다고 되어 있다. 구체적인 세계화 전략 구상에는 '가사와 육아의 사회적 분담 체계' 마련에 관한 내용의 세부 과제로 '학교 급식의 전면 실시'가 포함되어 있다. 이는 일하는 유자녀 여성들의 양육 부담을 완화하기 위한 목적으로 제안된 것이다. 당시 일부 초등학교에서만 실시되고 있었던 학교 급식을 확대하여 일하는 기혼 유자녀 여성들의 '자녀 도시락 부담'을 완화하고자 하였다(장성자 외, 1995; 세계화추진위원회, 1988).

　이 같은 학교 급식의 확대 실시는 기혼 여성의 일·가정 갈등을 완화하고자 하는 정책으로 시행되었지만 보다 궁극적으로는 학교 급식을 비롯한 영유아 보육시설 지원과 같은 정책 실행을 통해 여성의 사회적 참여를 높여 당시 사회의 노동력 부족 문제를 해결하고, 나아가 기혼 여성의 고용율 확대를 통해 국가 경쟁력을 강화하고자 하는 것이 목적이었다(조은, 1996:21; 세계화추진위원회, 1998). 한편 학교 급식의 확대 실시는 유휴 인력으로 인식되었던 주부의 사회참여를 유도할 수 있는 정책으로 이해되었다는 점에서(박숙자·한국여성단체협의회, 1996)

여성을 여전히 국가 발전의 수단으로서 바라봤다는 한계를 가지며, 국가 발전이라는 상위 목표를 상정하여 놓고 이에 상응할 때만 비로소 여성 정책이 실현될 수 있다는 한계점을 보여주고 있다(장미경, 2009:465).

'괜찮은 주부 일자리'로 기획된
학교 급식

여성의 사회참여를 높이려는 또 다른 방안은 '여성인력개발'이었다. 특히 정부는 여성의 경력단절 완화에 초점을 두는 정책을 마련하거나, 주부들이 다시 재취업할 수 있도록 탁아시설을 확충하는 등 기혼 여성의 경제활동 참여와 확대에 집중했고(신경아, 2005) 행정, 교육 서비스, 보건복지 등의 일자리 창출을 통해 사회서비스 부문의 기혼 여성 고용을 확대하였다(금재호, 2014). 정부는 기혼 여성의 재취업을 위해 1993년 노동부 산하 '일하는 여성의 집(이후 여성부로 이관되며 여성인력개발센터로 명칭 변경)'을 설립하고 운영하였다. '일하는 여성의 집'은 특히 주부의 직업 훈련에 초점을 맞추어 '여성적합직종'으로 조리, 미용, 봉제와 같은 교육 프로그램을 제공하였다(새정치국민회의·여성 위원회, 1999:89). 이후 여성인력개발센터로 명칭이 변경되었지만 여전히 전업주부를 대상으로한 직업 훈련이 제공되었다. 웨딩플래너와 같은 대인 서비스, 사회 서비스, 판매 및 사무 같은 이미 여성들이 많이 속해 있던 직종에 대한 훈련이 주를 이뤘다. 뿐만 아니라 이러한 일자리는 유연한 근무 시간을 장점으로 내세우며 이를 통해 일과 가정을 양립할 수 있을 것으로 생각되었으며, 일정 시간의 교육 훈련을 받으면 일할 수 있는 비숙련 일로서 전업주부가 수월하게 진입할 것으로 여겨졌다(조세현, 2011).

위와 같은 맥락 안에서 학교 급식 일자리 또한 확대되었고, 그 과정에서 주부 재취업에 적합한 직종, 기혼 여성에게 적합한 일자리로 홍보되었다. 당시 〈지역내일〉, 〈우먼동아〉 등에 소개된 급식 일자리에 대한 내용을 살펴보면 급식조리원 업무를 '전업주부 재취업', '주부 취업 직종'과 같이 여성 친화적 일자리로 소개하고 있다. 여기서 학교 급식을 주부 취업에 적합한 일자리로 여기는 근거는 '학교 급식일과 집안일 간의 유사성', '비교적 빠른 퇴근 시간으로 일과 가정을 병행하기에 적합하다'는 것이다.

그는 "조리사 자격증을 따는 게 어려울 줄 알았는데, 막상 수업을 들어 보니 집에서 해왔던 일과 크게 다르지 않았다"며 (…) "제가 일하는 시간은 오전 8시부터 오후 4시까지예요. 아이들이 학교와 어린이집에서 돌아올 때쯤이면 집에 올 수 있어 딱 좋죠. 주말과 방

학 기간에 쉬는 것도 좋고요. (우먼동아, 2008.7.18. 인터뷰 발췌)

이처럼 학교 급식 일자리는 기혼 여성들의 일·가정 갈등 중 가장 큰 부분인 '자녀 양육' 문제를 빠른 출퇴근을 통해 해결할 수 있다는 점을 장점으로 내세워 홍보하였다. 뿐만 아니라 '집에서 늘 하던 일'이라는 가사노동의 연장선상에 학교 급식을 위치시켜 일자리 재진입이 쉽지 않은 저학력의 기혼 여성들이 많이 유입될 수 있도록 하였다. 약 10년 전만 하더라도 학교 급식 일자리로의 취업은 조리사 자격증을 취득하지 않아도 조리실무사, 보조 인력 등으로 취업이 가능했으며, 입직 과정도 학력이나 자격증과 같은 인적 자본에 크게 영향받는 다른 일자리에 비해 간단했다.

"동생이 급식실 영양교사하고 친했는데, 거기 엄마들이 일찍 끝나서 온다고 했어. 그래서 거기 한번 원서를 넣어보라고 해서 원서를 넣었지. 그랬더니 거기 영양교사가 나이 어리고 힘 쎄다고 해서 뽑은 거야. 그때는 교육청에서 뽑는 게 아니라 영양교사가 알아서 뽑았나 봐. 월급 75만 원 줬나? [처음에요?] 응. 그때 텃세가 심했어. [그때도요?] 기피업종이었지 급식실이. 그리고 내가 ○○ 씨를 소개시켜줬지. [일찍 끝나는 게 중요하셨어요?] 그치~ 맨날 열 시, 여덟 시에 끝나니까 지겹지. 남들 다 애들하고 집에서 밥 먹고 있을 때

늦게(까지 일) 하니까. 애들끼리만 있는 것도 그렇고." (미영과의 인터뷰 중)

이와 같은 요인들은 기혼 여성들의 학교 급식으로의 유입을 더 촉진하였고 학교 급식은 대표적인 기혼 여성 집중 직종이 된다(남상균·장재호, 2003:50). 교육부의 2021년 기준 교육공무직원 실태조사 자료에 따르면 학교 급식 노동자인 조리사와 조리원(실무사)의 여성 비율은 각각 98.3%, 99.3%로 여성이 높은 비율을 차지하고 있고, 초등학교 급식 노동자들의 96%가 기혼 여성으로 나타났다(정최경희 외, 2004:440).

〈표 3〉 학교 급식 종사원 여성 비율(2021년 기준)

구분	인원	여성비율(여성인원수)
조리사	8,963명	98.3%(8,812명)
조리실무사	48,264명	99.3%(47,945명)
배식지원	2,963명	98.7%(2,925명)

＊ 교육부, 「교육공무직원 실태조사」, 2021.12.31.,
공공데이터포털(http://www.data.go.kr)에 등재된 자료를 바탕으로 필자가 재정리.

이처럼 기혼 여성이 일·가정을 양립할 수 있다는 가장 큰 장점과 더불어 입직 절차가 복잡하지 않다는 점, 집안일과의 유사성 등을 바탕으로 학교 급식 노동은 '주부의 재취업에 적합한 일자리'로 구성되었고 이에 기혼 여성 노동자들이 유입되기 시작했다. 많은 기혼 여성 친화적 일자리가 '주부에게 적합한 일자리'로 소개되는 맥락에는 기혼 여성이 일과 가정을 책임져야 한다는 인식이 밑바탕 되어 있다. 이러한 이유로 이들은 전일제(full-time) 노동자보다는 시간제(part-time) 노동이 적합하다고 여겨졌다. 실제로 학교 급식 노동은 퇴근이 빠를 뿐, 하루 8시간을 일하는 전일제 노동자이지만 이들이 가사의 책임이 있는 기혼 여성이라는 점을 활용하여 '주부 노동자'로 호명하고 있으며 이를 통해 부수적 노동자로 여기게 한다. 이는 노동자들의 저임금을 정당화하는 근거로 작용한다(신경아, 2005).

한편 초기 학교 급식 일자리의 고용과 노동 조건은 매우 불안정했다. 초기에 이들의 고용은 정규직보다는 일용직 채용이 많았고, 임금도 매우 낮았다(이명규, 2003). 학교 내 교원이나 정규직 교직원과 다르게 임용 및 인력 관리에 대한 규정이 불분명하여 이들의 고용, 인력 관리는 개별 학교장에게 맡겨졌다. 때문에 정부나 지자체 재정이 축소되거나 학생 수가 감소하는 등의 변수가 작용할 경우 이들은 언제든지 해고될 수 있었고, 재계약이 안 될 수도 있었다. 또한 임금도 월 100만 원 내외의 저임금에 속했다. 2012년 기준 5인 이상 사업장의 노동자 1인당 평균 임금이 월 227만 원인 것에 비하면 이들의 임금은 그 절반에도 미치지 못하였다. 뿐만 아니라 정규직 교직원과 교원들이 호봉제인 것에 반해 급식 노동자를 포함한 학교 비정규직은 근무연수가 늘어나도 임금이 고정되어 있었으며 정규직 교(직)원들이 받는 수당 지급에서도 제외되어왔다(이윤재, 2012).

급식 노동자를 포함한 학교 비정규직의 고용과 근로조건에 관한 문제는 학교 비정규직 노조의 결성과 비정규직 문제에 대한 정부의 정책 등으로 인해 점차 변화하게 된다. 근속수당을 포함한 각종 상여금이 정규직과 동일한 수준은 아니었지만 지급되기 시작했다.[*] 또한 많은 학교 비정규직 노동자들이 정부의 '공공부문 비정규직 정규직화' 정책으로 인하여 무기계약직으로 전환되었으며, 명칭 또한 '학교 비정규직, 학교 회계직'에서 '교육공무직'으로 바뀌었다(조돈문·정흥준·남우근·김철, 2018; 황도연, 2020).

그러나 이러한 변화에도 불구하고 이들의 고용이나 노동조건은 아직도 열악하다. 학교 급식 노동자들은 노조가 결성된 이후 꾸준히 급식 인원당 인력 배치 기준을 하향할 것을 요구했다. 방학 중 근무는 비근무로 분류되어 급여가 지급되지

---

[*] 「전국학교비정규직노동조합」 웹사이트 참고.

않는 점, 급식실 내 휴게실이나 환기시설의 마련과 교체를 통해 안전하게 일할 권리를 요구했으나 아직 해결되지 못한 채 남아 있다.

최근 급식 노동자들이 폐암으로 사망하고, 이것이 산재 인정을 받은 사건이 가시화되어 급식 노동자들의 안전에 대한 문제가 불거졌다. 이처럼 이들의 노동환경 개선을 위한 논의들이 제기되고 있기는 하지만 여전히 급식실 환기 시설인 후드의 설치 기준이 세워지지 않았고, 체계적인 관리 방안이 수립되지 못하고 있어 여전히 노동자들이 유해한 환경에 노출되어 있는 것이 현실이다(하현철, 2021).

뿐만 아니라 조리실무사의 배치 기준[*]은 약 150명당 1명으로 여전히 적은 인력으로 강도 높은 노동을 수행하고 있으며 대체인력을 구하지 못해 아파도 쉬지 못하며 여전히 방학 중 급여가 지급되지 않는다. 공무직으로 명칭이 변경되고 무기계약직으로 고용 형태가 변하긴 하였지만 이것이 곧 정규직

---

[*] 학교의 종류(초·중·고)와 급식 인원에 따라 급식실 인력 배치 기준이 정해진다. 영양(교)사와 급식조리사는 각 1명씩 급식실에 배정되며, 조리실무사의 수는 급식 인원수에 맞춰 기준이 정해진다. 서울시교육청 기준 조리실무사 1명이 담당하는 급식 인원은 약 130~150명 수준이다. 보조인력 또한 급식 인원수에 따라 배치 기준이 정해진다. 보조인력 배치 기준은 초등학교의 경우 173명당 1명, 그 외 학교는 257명당 1명을 배치할 수 있다. 배치 기준은 각 시·도 교육청마다 상이하다.

이 되었다는 것을 의미하는 것은 아니어서 학교 내 고용 형태에 따른 차별 해소까지는 연결되지 못하였다(조돈문·정흥준·남우근·김철, 2018).

학교 급식 일자리는 가사일과의 유사성, 일·가정 병행이 가능하다는 점을 들어 여성 친화적 일자리, 특히 주부가 재취업하기 괜찮은 일자리로 홍보되었고 이는 여성들을 급식 일자리로 유입시켰다. 그러나 학교 급식이 기혼 여성의 일자리로 구성된 배경에는 가족부양과 같은 역할이 전적으로 '여성의 역할'이라는 성별 고정관념이 있다. 이 같은 일·가정 책임 때문에 기혼 여성 노동자는 전일제 노동자로 고려되지 못하며, 시간제와 같은 유연한 고용 형태에 적합하다고 여겨지면서 이들의 임금이 저임금으로 정당화되는 것이다. 이들의 일자리가 기혼 여성에게 적합한 일자리로 홍보되어왔지만 정작 이들의 일자리는 열악한 노동 조건과 불안정한 노동 환경과 저임금, 고용차별에 놓여 있다.

3장

학교 급식 노동자의 하루

1
학교 급식 노동자들은
일과 가정 모두를 잡을 수 있을까

기혼 여성들의 일·가정에 대한 경험은 그들의 직업, 학력, 소득 등에 따라 다양하다. 중·고등학교를 졸업하고 노동 시장에 진입한 여성들은 서비스, 생산 직종으로 진입하는 경향이 있으며, 결혼 후 자녀를 출산 및 양육하며 경력 단절의 시기를 겪게 된다. 학교 급식에 종사하는 이들도 이 같은 특성을 보였다. 대학을 졸업한 혜진을 제외하고는 대부분 중·고등학교를 졸업한 뒤 바로 노동 시장으로 진입했다고 밝혔다.[*] 이들은 대부분 판매직, 생산직, 서비스직과 같은 직종으로 진입하였으며 이후 결혼 및 임신을 계기로 노동시장을 나오게 된다. 서비스, 생산 직종에 종사하는 여성들은 육아휴직과 같은 제도나 가

---

[*] 대학졸업자는 두 명이나 이 중 한 명은 고등학교 졸업 후 노동시장으로 진입한 뒤에 대학 진학을 한 경우였다.

족자원(시/친정 부모 등)을 활용하기 어려운 상황에 놓여 있기 때문에 결혼이나 임신 및 출산과 함께 노동시장에서 퇴장하는 모습을 보이고 있다(이재경·이은아·조주은, 2006:51-55).[*] 이후 어린 자녀를 양육하며 주부로 지내지만, 이 시기에도 가사일 외에 아이를 돌보면서 할 수 있는 부업을 하며 생계에 보탬이 되고자 한다. 시간이 지나 자녀가 보육시설에 다니거나 학교에 입학하면 '남편의 수입만으로는 어려워서', '자녀의 학원비라도 벌기 위해' 여성들은 다시 노동시장으로 재진입을 결심하게 된다. 내가 인터뷰한 여성들은 자영업, 마트 캐셔, 요양보호사나 베이비시터 같은 일을 거쳐 현재의 학교 급식 일자리로 취직하게 되었다. 학교 급식의 '요리'라는 직무와 집안 살림과의 유사성, 다른 일자리에 비해 비교적 간단한 입직 과정 등이 여성들이 학교 급식으로 취업을 선택한 이유이다.

인터뷰 참여자 지영도 위와 같은 특성을 보이고 있다. 지영은 고등학교 조리사이다. 학교 급식 전 일 경험을 묻는 질문

---

[*] 이재경·이은아·조주은(2006)은 기혼 취업 여성 집단 내부의 일·가정 경험의 차이에 대한 연구에서, 서비스·생산 직종에 종사하는 여성들은 안정된 정규직 중심의 출산휴가나 육아휴직 사용이 어려웠고, 동시에 시/친정 부모와 같은 가족자원 활용에도 어려움을 겪는다고 밝히고 있다. 서비스·생산 직종에 종사한 여성들은 저학력으로 노동시장에 일찍 진입해 일을 하다, 같은 직종 내에서 비슷한 계층의 배우자를 만나 결혼하는 경우가 많은데, 이런 경우 결혼 후 자녀를 출산하여도 시/친정 부모 또한 생계를 위한 노동을 하고 있는 경우가 대다수이기 때문에 가족자원을 활용하기가 상대적으로 어렵다.

에 지영은 고등학교 졸업 이후 소규모 회사의 경리 일을 하다 지금의 남편을 만나 결혼하고, 자녀를 임신하게 되어 일을 그만두었다고 했다. 결혼 후 바로 자녀가 생겨 일을 얼마 다니지 못하고 그만두었다. 자녀 양육에 주변 도움을 받기 어려운 상황이었으므로 자녀가 어렸을 때는 아이들을 키우는 데 전념해 왔다고 했다. 어느덧 자녀들이 초등학교 고학년이 되자 시간적 여유가 생겼고, 그녀는 다시 일을 하기로 결심했다. 분식집 장사를 2년 동안 하다 장사를 접고 급식실 아르바이트를 시작하였다. 왜 급식실이었냐는 질문에 지영은 어릴 때 보고 자란 게 어머니의 요리하는 모습이었고, 주변에서 음식을 잘한다는 이야기를 많이 들어왔기 때문에 보조 정도는 할 수 있겠다고 생각하여 급식 일을 선택했다고 했다.

지영처럼 요리에 대한 친숙함으로 급식 일을 선택한 경우도 있었지만, 대부분의 인터뷰 참여자가 학교 급식을 선택하게 된 이유로 자녀의 하교 후 시간을 함께 보낼 수 있다는 점을 꼽았다. 학교 급식 노동자는 보통 아침 7~8시에 출근하여 4시에 퇴근한다. 이는 학교나 보육시설에서 자녀가 집으로 돌아오는 시간과 비슷하다. 여성들은 이 점을 학교 급식 일의 가장 큰 장점으로 여기고 있었다. 뿐만 아니라 주말, 공휴일, 방학 등 자녀들이 학교에 가지 않는 일정에 자신들도 출근하지 않아도 되는 것도 장점으로 여기고 있었다. 여성들은 판매, 생산직, 서비스직 등에 근무할 당시 업종의 특성상 주말이나 공휴일에도 출근해야 하는 일이 많았기 때문에 자녀와 시간을 같이 보내지 못했다는 부채감을 경험한다. 이러한 경험들은 여성들이 자녀와 시간을 더 많이 보낼 수 있는 학교 급식 일자리로의 진입을 결심하게 되는 계기로 작동하기도 한다. 기혼 여성들은 자녀를 양육해야 하지만 동시에 일해야 하는 어머니와 노동자로서의 충돌을 학교 급식 일자리의 빠른 출퇴근 시간을 통해 해결하고자 학교 급식을 선택한다. 이처럼 여성들이 학교 급식 일자리를 선택하는 것은 여성을 둘러싼 실질적 제약들과의 복합적 상호작용의 결과로서 이해될 필요가 있다 (Crompton & Lyonette, 2005). 학교 급식의 간단한 입직 과정, 익숙한 것에 대한 선호, 일과 가정을 우선시하는 여성들의 성향에 따른 개인적 선택이라기보다 성역할 고정관념으로 인하여 여성에게 기대되는 가사 일을 전적으로 짊어지게 된 구조적 상황 안에서, 일과 가정을 병행해야만 하는 여성들의 '선택'으로 이해되어야 한다. 여성들이 일과 가정의 병행에서 가사 책임에 더 의의를 두기 때문에 자발적으로 시간제 근무를 선택하는 것이 아니라, 일과 가정의 책임 속에서 강요되는 '선택'으로 이해되어야 할 것이다(이영자, 2004). 때문에 여성들, 특히 일과 가정의 이중부담을 지고 있는 기혼 여성일수록 두 가지 역할 간 갈등을 최소화하기 위해 전일제보다는 시간제로, 가사

노동과 유사한 돌봄 서비스와 관련된 직종을 선호하게 된다
(민현주 외, 2007:30). 학교 급식 노동자들도 자신들이 전적으로
담당하고 있는 가사 책임을 일과 양립하기 위하여 보다 안정
적이고 예측 가능한 근로시간, 빠른 출퇴근을 통하여 일과 가
정을 병행하고자 하였다.

혜진은 10년 차 조리원으로 현재 근무하고 있는 학교 이
전에 병원(간호사), 미용실, 복지관 조리사, 어린이집 조리사 등
다양한 곳에서 근무하였다. 결혼 전 간호사로 근무한 그는 직
장 내 괴롭힘, 이른바 태움 문화에 지쳐 간호사 일을 그만두고
미용 일을 시작했다. 결혼 후 첫째 자녀를 출산하고도 미용 일
을 지속했지만 가사일과의 병행이 힘에 부쳐 일을 쉬고 자녀
양육 등 가사일에 전념했다. 음식 솜씨가 좋았던 혜진은 동네
통장의 권유로 복지관에서 조리사 일을 시작하게 되었고, 그
이후 어린이집의 조리사로 근무하게 되었다. 그에게 학교 급
식실로 이직을 결심하게 된 이유를 묻자 그는 자녀의 방학 기
간 동안 같이 시간을 보낼 수 없었던 점이 미안해서라고 답했
다. 어린이집의 방학은 학교의 방학보다 짧았고, 이 기간에 '엄
마의 부재'로 인해 미안함을 느낀 혜진은 자녀의 방학을 같이
보낼 수 있는 학교 급식실로 이직을 결심하게 되었다고 했다.

"여름방학이 딱 왔는데 '뭐 한 일주일 쉬고 나오시면 돼요' 그러는

데, '어 우리 애들이 한 달 방학인데? 집에 있어야 하는데…'. 뭐 원
장님이 자기가 대신 해주신다고는 하는데 내 입장에서는 난 거기
직원인데 그건 또 아닌 거 같아서, 그냥 일주일 쉬고 나와서 일은 하
긴 했는데… 그렇게 한 일 년, 겨울방학까지 딱 하고 나니까. 아 이
거는 애들한테 내가 신경을 못 써주는게… 방학 때 엄마의 부재가
너무 미안해서. 그래서 여기에 원서를 넣었는데 바로 된 거예요. 그
래서 삼월부터 출근을 한 거거든. 거기 어린이집을 삼월까지 근무
를 하고…" (혜진과의 인터뷰 중)

혜진뿐만 아니라 다른 인터뷰 참여자들도 급식 일자리 선
택에 대한 질문에 '자녀와 시간(생활패턴)을 맞추기 위함'이라
고 답한 경우가 많았다. 은영은 정년퇴직을 1년 앞둔 19년 차
조리원으로, 내가 인터뷰한 급식 노동자 가운데 비교적 경력
이 오래된 사람이었다. 그는 결혼 이전에는 자영업을 하였고
결혼 후에는 일을 그만둔 뒤 자녀 양육에 전념하였다. 은영은
자녀가 초등학교 고학년이 된 후 급식 일을 시작했다. 그 또한
급식 일을 시작하게 된 계기를 다음과 같이 이야기하였다.

"내가 내 자식이랑 똑같이 생활이 되잖아. 내 자식이 학교를 안 가
면은 우리 급식도 안 하잖아. 그리고 또 내 자식이 시험 때 쉬면은
학교 급식도 시험 때 쉬잖아. 그러니까 애들이 집에 있을 때는 나도

집에 있고, 애들이 학교 가면 나도 출근을 하고 그게 좋으니까 학교 급식을 한 거지.” (은영과의 인터뷰 중)

이재경(2004)의 연구에 의하면 어머니 노릇에 대한 기혼 여성들의 이해가 계층에 따라 다르게 나타난다. 취업하여 일을 하는 어머니의 경우 자녀가 먹고 입을 음식과 옷을 제공하고 항상 아이들을 돌보며 애정을 쏟는 ‘전형적인 어머니’ 역할을 다하지 못하는 것에 죄책감을 느낀다. 앞의 혜진과 은영의 인터뷰 내용에서도 알 수 있듯 학교 급식 노동자들 또한 ‘자녀들과의 시간을 같이 보내기’와 같은 이상적인 어머니 역할을 수행하기 위해 학교 급식을 택하게 된다. 이들은 서비스업이나 생산직에 근무했을 때 휴가 같은 제도를 사용하기 어려웠고, 퇴근 시간 또한 학령기 자녀의 하교 시간과 맞지 않아 일과 가정 사이에 갈등을 겪게 된다. 그러나 일은 그만둘 수 없었기 때문에 출퇴근이 빠른 학교 급식 일자리로 진입하게 되고, 여성들은 학교 급식의 빠른 퇴근, 방학이나 공휴일에 ‘자신도 일을 쉬며 자녀를 돌볼 수 있다는 점’에서 일·가정 갈등을 최소화 할 수 있을 것이라는 기대를 갖게 된다.

그렇다면 여성들은 급식실에 취업 이후 일·가정 양립에 성공하였을까? 인터뷰에 참여한 은정과 연주도 빠른 출퇴근을 통해 일·가정 양립을 기대하고 급식 일을 시작하였지만, 현실과의 괴리를 느끼고 있다고 했다.

은정: 그러니까 방학을 보고 하긴 했는데 이제 저희도 출근할 때가 있잖아요. 출근해서 이제 퇴근을 하면 처음에 바라본 거는 집에 와서 아이들을 케어할 수 있다는 생각을 했는데 그러지 못하는 거죠.

연주: 현실하고 우리가 생각했던 거하고는 조금 다르고. 워낙 이게 짧은 시간에 노동 강도는 강하고 하니까. 퇴근할 때 되면 사실 지치잖아요. 근데 또 애들이 어렸을 때는 보면⋯ 내가 작은 애가 초등학교 다녔을 때⋯ 초등학교 3~4학년 때쯤 (급식 일을) 했던 거 같은데, (집에) 들어와서 또 애들을 케어해야지, 학원 보내야지 남편 밥해야지 빨래⋯ 일이⋯ 퇴근하면서 집으로 출근하는 거지. [엄청 힘드셨겠어요.] 지금 엄마들도 보면 그걸 제일 힘들어해요. 그 장점을 보고 했는데 어떻게 보면 그게 좀 족쇄처럼⋯ [족쇄라고 하면?] 족쇄라기에는 좀 그런데 음⋯ 아이들하고 같이 있으면서 일하면서 편하고자 했던 게 그게 어떻게 보면 좀 더 힘든⋯ 두 배로⋯ [아이들도 볼 수 있어서 들어갔는데 오히려 아이들도 봐야 하고]

은정: 그 있잖아요. 학교에서 조리하고 청소하고. 근데 집에 와서 또 조리를 하고, 청소를 하고. 손 마르자마자 집에 와서 또 조리를 해야 하고 청소를 해야 하고⋯ 그러니까 일이 쭉 연속으로

되는 그런 게 있으니까. 약간 내가 선택했지만 너무 이제 힘든 거지. 그것도 힘들고, 저것도 힘들고. 연속 같아요 그냥. (은정, 연주와의 인터뷰 중)

은정은 일찍 퇴근하여 가사를 돌볼 수 있다는 학교 급식 일자리의 장점이 오히려 족쇄처럼 느껴진다고 하였다. 일·가정 병행을 위해 퇴근이 빠른 학교 급식 일자리를 선택하였지만 일·가정을 병행할 수 있는 시간을 확보했을 뿐 그 부담이 줄어들지는 않았기 때문에 오히려 여성들은 이를 족쇄로 느끼고 있었다.

여성들은 학교 급식 일자리로 취업하여 자녀들을 돌볼 수 있는 시간을 확보하는 데는 성공한다. 그러나 한편으로 이는 여성들을 옭아매는 '족쇄'로 작용했다. 학교 급식은 조리시간 4시간 동안 최소 500명, 많게는 1,000명분의 음식을 조리해 내야 하는 매우 강도 높은 노동이다. 이 같은 강도 높은 노동을 더 힘들게 하는 것은 급식실 내의 부족한 인력이다. 지금도 턱없이 부족한 인력으로 급식 일을 수행하고 있다 보니 업무 강도는 더욱더 가중될 수밖에 없다. 높은 노동 강도에 노동자들은 근무시간 동안 단 10분이라도 쉴 수 없는 상황이다. 정신없는 급식 일을 마치고 집으로 돌아오면 여성들은 다시 '집안일'을 시작한다. 가족의 저녁식사와 청소, 빨래, 자녀 케어

등 '산더미같이 쌓인 집안일'을 해치우고 나면 내일의 출근을 위해 이른 저녁 잠에 들어야 한다. 게다가 은정이 앞에서 언급한 것처럼 학교 급식의 업무와 집안일과의 유사성은 여성들을 '퇴근 없는' 일의 연속으로 느끼게 만들었다. 연속되고 있는 일 안에서 여성들은 체력적으로, 정신적으로 소진되고 있었다. 이 같은 소진은 전적으로 여성들이 가사일을 책임지고 있기 때문이다. 가족 내 분업이 어떻게 이루어지고 있냐는 질문에 인터뷰 참여자들은 가사일을 전적으로 혼자 담당하고 있다고 답했다. 이후 자녀들이 학령기를 지나 성인이 된 경우에는 저녁밥을 밖에서 해결하고 들어오거나, 자녀들이 독립하는 등 가사노동의 양이 이전보다는 줄게 되어 개인적인 시간을 비교적 많이 확보하게 된다. 그러나 여전히 가사책임이 전적으로 여성에게 있다는 사실은 변하지 않는다.

게다가 여성들도 연령이 상승하면서 점점 더 학교 급식의 고된 노동을 견뎌내며 노동력을 재생산하는 것에 어려움을 겪게 된다. 여성들은 이 같은 상황에 '내려놓기' 전략을 취함으로써 자신의 휴식 시간을 확보하고 노동력이 재생산될 수 있도록 하기도 하였다. 앞에서 소개한 혜진의 경우 평소 고된 급식 노동을 마치고 집에 돌아와서도 딸을 위한 채식 위주의 식사 준비와 사춘기인 아들의 요구를 맞춰주기 위해 한시도 앉아 있지 못한다고 했다. 그렇게 몇 년을 지내고 나니 몸에 무리가 오기 시작했고, 주변 지인과 병원의 쉬어야 한다는 조언을 듣고 집안일 '내려놓기'를 연습하고 있다고 했다.

"애 식단 관리를 해야 하니까. 채식 위주로. 그래서 집에 가면 거의 10시까지는 못 앉아 있는 거 같아. 한 5분? (…) 그렇게 한 진짜 몇 년을 지냈는데 올해 이제 백신 맞고 몸이 내가 원하는 컨디션으로 다시 세팅이 안 되더라고. 그래서 집에 가면 일부러 조금씩 내려놓는 거를 자꾸 하고 있어요. 쉬어야 돼. 몸이 보내는 신호잖아. 내가 몸이 안 따라주니까 힘들고. 학교에서도 힘든데 집에 와서도 계속 일하고 풀로? 그니까 쉬어본 적이 많이 없어서 그래서 몸이 더 많이 안 좋아진 거 같아. (…) 우리 아들이 사춘기여서 나한테 '먹을 게 없어!' 막 이럴 때가 있는데, 우리 딸은 그러지는 않아. 없으면 알아서 지가 만들어서 먹고 하긴 하는데. 우리 아들은 그런 경향이 하나도 없는 중2병이어가지고.(웃음) 근데 그거 들으면 예전에는 우선은 짜증이 나고 자존심이 상하고 그 뒤에 오는 미안함. 해줘야 되는데… 먹을 게 없게 만들었다는 나에 대한 자책. 이게 있었거든요. 그래서 애한테는 '엄마가 무슨 철인이야?' 이렇게 얘기하면서도 몸은 벌써 움직이고 있었거든요. 근데 지금은 이렇게 얘기하면 '라면 끓여 먹어'라고 해. 조금씩 나를 내려놓는 연습을 하고 있는 중이야." (혜진과의 인터뷰 중)

그러나 혜진과 마찬가지로 여성들의 집안일 내려놓기 전략은 가족 구성원과 가사 노동을 분담하여 그 부담을 덜어내는 방식보다는 자신이 온전히 부담하고 있는 가사 노동을 일부 수행하지 않는 방식으로 나타났다. 뿐만 아니라 여성들이 주말, 방학을 자녀들과 함께 보내기 위해 학교 급식 일자리를 선택했지만 학교 급식의 저임금은 이들을 주말에, 방학에 다시 일하도록 만들고 있었다. 여성들은 부족한 임금을 채우기 위해 예식장 뷔페 등 주말 단기 아르바이트를 겸한 경험이 있었다. 또 학교 급식 일자리는 방학 중 비근무 일자리로 구분되기 때문에 방학에는 급여가 지급되지 않으므로 이들은 방학 때 단기 아르바이트 같은 일자리를 구하고 있었다. 나와 동료였던 자현과 미경은 방학 동안 급여가 나오지 않기 때문에 단기 아르바이트 같은 일자리를 구해야 하는지 걱정하고 있었다.

미경은 방학 때 일을 할 게 없다며 자현과 한 달 동안 어떤 알바를 할지 얘기했다. 자현은 미경에게 '그래도 방학에 미경 씨는 일을 안 해도 되지 않냐'며 물었고, 미경은 나도 똑같다고 이야기했다. 미경의 자녀들이 성인이므로 돈 들어갈 데가 적으니 알바를 안 해도 되지 않냐는 취지였지만 미경은 본인도 일을 해야 한다고 했다. 자현은 자신의 지인도 급식 조리사인데 방학에 어떤 일을 하는지 물어봤더니 여름방학은 짧기 때문에 한 달 동안 단기로 일을 구하기도 쉽지 않아서 그때는 쉰다고 이야기했다고 한다. (관찰일지, 2022.07.19.)

학교 급식 노동자의 저임금이 가능한 이유 중 하나는 이들을 지속적으로 '주부 노동자'로 호명하며 생계 부양의 책임이 없는 노동자로 인식하게 만들고 있기 때문이다. 여성 노동자, 특히 기혼 여성은 생계 부양자인 남편에게 의존하는 주부로 자리매김되고, 이는 노동시장 내에서 이들의 저임금을 정당화하는 기제로 작용한다(이영자, 2004). 그러나 여성들이 생계 부양의 책임이 없다는 논리는 이미 많은 여성 노동 연구를 통해 그렇지 않음이 밝혀졌다(김효정, 2009; 김혜영, 2015). 실제로 이들이 생계에 대한 책임이 없고 낮은 임금에도 만족한다면 방학에는 일하지 않고 휴식하거나 자녀와 시간을 보내며 방학을 보내야 할 것이다. 그러나 그렇지 않기 때문에 이들은 주말, 방학에 단기 일자리에 취직하여 모자라는 임금을 확보하고자 한다.

이처럼 학교 급식 일자리는 여성들이 가사일 등 가족 책임은 온전히 떠맡아야 한다는 점은 그대로 놔둔 채, 여성들에게 빠른 출퇴근으로 일·가정의 양립이 가능하다는 점을 내세우며 '여성 일자리'로 홍보되었다. 여성이 가사일을 전적으로 책임져야 한다는 성별 고정관념, 가사 분담 등이 논의되지 않은 채 오로지 빠른 퇴근 시간만을 이유로 여성들이 가사 노동을 양립할 수 있다고 홍보한 것은 결국 여성들에게 일·가정의 이중 부담을 짊어지게 만들었다.

게다가 학교 급식의 높은 노동 강도와 더불어, 퇴근 후 가사일로 인해 쉴 수 없는 상황은 학교 급식 노동자들이 자신의 노동력을 재생산하기 어렵게 만들고 있었고, 뿐만 아니라 여성들은 자녀와 함께 시간을 보내기 위해 급식 일자리에 진입하였지만 학교 급식 일자리의 저임금, 방학 중 비근무로 분류되어 급여가 나오지 않는 문제로 인해 오히려 주말이나 방학에 단기 일자리에 진입하여 일을 할 수밖에 없는 상황에 처하기도 하였다.

2

이들은 어떤 일을 하고 있나

앞에서는 학교 급식 노동자들은 누구이며, 그들이 어떻게 급식 일을 시작하게 되었는지 살펴보았다. 또 그들이 일도 하며 가족도 챙겨야 하는 기혼유자녀 여성으로서, 학교 급식 일을 시작하기 전 가지고 있던 기대(일과 가정의 양립)와 현실의 격차로 인해 노동력을 재생산하는 데 어려움을 겪고 있다는 것도 알 수 있었다.

그렇다면 이들이 매일 수행하는 학교 급식 일은 무엇인가? 흔히 급식 일이라고 하면 요리만 생각하기 쉽다. 〈학교급식법〉에 따르면 급식의 주목적 또한 '학생들에게 질 좋은 급식을 제공하여 그들의 건전한 심신 발달 및 국민 식생활 개선에 기여함'이다.* 그러나 질 좋은 급식을 제공하기 위해서는 조

---

* 학교급식법 제1조, 제2조 1항

리 이전에 재료를 검수하고, 재료를 씻고 다듬는 전처리 과정
과 조리 과정, 조리된 음식을 학생들에게 배식하는 과정, 사용
한 조리 기구부터 시작해 학생들이 사용한 식기와 식판, 조리
실 등을 청소하는 과정을 거쳐야 한다. 그리고 이 과정 전체에
는 식중독 등 사고를 예방하기 위한 철저한 청결과 위생 관리
가 밑바탕 되어야 한다.

급식실의 업무는 시간대별로 오전·오후 업무로 나뉜다. 오
전 업무는 전처리실과 조리실에서, 오후 업무는 식당과 세척
실에서 주로 진행된다. 전처리실에서는 재료를 씻고 다듬는
전처리 과정을 거치고 그 재료를 들고 조리실로 넘어가 조리
가 진행된다. 오후에 조리가 완료된 음식을 식당에서 학생들
에게 배식하고, 그 후 식당과 세척실, 조리실 청소가 이루어진
다. 내가 일했던 곳에서는 조리(실무)사들이 오전에 당번을 맡
느냐, 어떤 메뉴(주찬인지 부찬인지)를 맡느냐에 따라 오전의 업
무가 달라졌다.

검수와 아침조회

조리(실무)사들은 하루씩 돌아가며 당번을 맡았다. 당번은
출근 시간보다 조금 일찍 출근하여 영양교사가 미리 주문해
놓은 공산품, 채소, 육류 등의 재료가 잘 도착하였는지 검수

작업을 진행한다. 보통 검수 작업은 영양교사가 진행하거나, 영양교사와 조리사가 같이 진행하는 경우가 있으나 내가 일한 곳에서는 영양교사를 제외한 조리사와 조리실무사들이 돌아가며 검수를 진행하였다. 검수 작업 전에 출근하여 급식실 내 전원을 켜고, 작업 복장으로 갈아입는다. 하의는 편한 고무줄 바지를 입은 뒤 두꺼운 양말을 신고, 상의는 흰 반팔 가운을 입은 뒤 팔토시를 착용한다. 장시간 서 있으면 다리가 아프기 때문에 쿠션감 있는 두꺼운 양말을 신는다. 얇은 면 팔토시는 팔에 뜨거운 기름이나 물이 튀어 화상을 입지 않도록 해주는 최소한의 장비이다. 머리카락이 나오지 않게 모자까지 쓰고 나면 소독기에서 소독된 장화와 앞치마, 고무장갑을 착용한다. 고무장갑과 앞치마는 색깔별로 여러 개가 있는데, 전처리와 조리를 할 때 입는 용(분홍색), 조리 후에 입는 용(흰색), 배식용(녹색), 세척용(파란색)이 있어 과정마다 바꿔 착용해야 한다. 옷을 갈아입고 시간적 여유가 있으면 국을 끓일 솥에 물을 미리 받아놓기도 하고, 국 솥에 다시마, 새우 등 육수 낼 재료를 미리 넣어놓기도 한다.

영양교사가 오늘 사용하기 위해 주문한 재료가 하나둘 급식실로 도착하면 당번은 검수표를 들고 가 물품이 잘 도착했는지 확인한다. 수량, 재료의 상태, 신선도 등을 체크하고 이후 검수 사항을 영양교사에게 보고한다. 이렇게 당번이 검수를 진행하는 중에 나머지 조리(실무)사들이 도착하고, 8시가 되면 휴게실에 다 같이 모여 아침조회를 한다. 아침조회에서는 당번이 검수 내용을 공유하고, 오늘 메뉴에 대한 조리 방법을 의논한다. 채소 써는 모양, 오늘 밥에 사용할 잡곡의 용량을 포함해 조리 이후 배식을 어떻게 진행할지에 대해서도 의논한다. 조리사와 실무사들은 배식에 참여하는 인원들(조리사, 조리실무사, 배식 도우미, 학생 배식 도우미 등)을 파악하여 배식하기 까다로운 음식에는 경험이 많은 조리(실무)사나 배식 도우미를 배치하고, 비교적 수월하게 배식할 수 있는 음식에는 학생들이나 경력이 낮은 인력들을 배치한다.

전처리와 조리

8시 30분 정도에 조회가 끝나면 본격적인 업무가 시작된다. 조리(실무)사 4명 중 2명은 전처리실에서 조리에 필요한 재료들을 준비한다. 야채를 세척한 뒤, 칼로 직접 썰거나 기계로 다져 조리실로 넘겨준다. 한편에서는 오늘 먹을 쌀을 불려놓는다. 전처리 업무가 마무리되면 전처리실을 정리한 뒤 조리실로 넘어온다. 전처리실에서 넘어온 한 명은 국을 끓이기 시작한다. 국은 다시마와 멸치 등으로 육수를 먼저 낸 뒤 본격적으로 양념과 재료를 넣고 조리한다. 검수가 끝나면 소량의 양을 따로 담아 영양교사에게 음식을 검식(음식의 간 등을 체크)받고, 검식을 통과한 음식은 1인분씩 스테인리스 통에 담겨 보존식을 관리하는 냉동고에 담긴다. 보존식은 추후 식중독 등 사고가 발생하였을 때 원인을 파악하기 위해 일정 기간 보관하는 것이다.

한쪽에서 국을 끓이고 있으면 다른 한쪽에서는 밥을 짓는다. 불려놓은 쌀의 물을 빼고, 물이 빠지는 동안 김치를 냉장고에서 가져와 한입 크기로 썰어 스테인리스 통인 바트에 담아 냉장고에 넣어놓는다. 메뉴에 후식이 있으면 후식도 바트에 담아 냉장고에 넣어놓는다. 쌀을 불린 물이 다 빠지면 총 여섯 개의 밥솥에 쌀과 잡곡, 물을 담아 밥을 짓는다. 전처리 업무를 맡지 않은 2명은 조리실로 넘어와 각자 맡은 메뉴를 조리한다. 이들이 맡는 업무는 보통 주찬인데, 고기요리, 튀김요리, 볶음요리 등이 주로 그날의 주찬이 된다. 11시 20분까지는 음식 조리가 마무리되어야 하며, 바트에 담은 음식은 급식실의 온장고에 넣는다. 조리실에서는 조리에 사용한 집기나 전판(전 등을 부칠 때 쓰는 큰 철판), 솥을 정리하고 세척실로 옮겨놓는다. 그러면 급식 보조 인력들이 출근하여 환복한 뒤, 밥솥에서 밥을 꺼내 옮겨놓거나 완성된 음식을 온장고에서 꺼내 배식판에 놓는다. 두 명이 하나의 솥을 들어야 하지만 혼자서 약 10kg에 달하는 솥을 번쩍 들어 옮긴다. 시간이 부족하기 때문이다. 조리가 완료되면 11시 50분쯤 조리(실무)사와 보조 인력들이 먼저 식사를 한다. 조리사는 밥을 먹기 전 학교 홈페이지에 올릴 급식 사진을 찍고, 급식의 양이나 맛 등 음식의 상태를 확인하고 서로 피드백을 주고받는다. 교직원 식사도 이때쯤 시작되는데, 조리(실무)사들은 교직원들이 음식이 부족하다고 말하면 식사를 중단하고 교직원 식당에 음식을 채워주었다.* 점심식사 시간은 평균 10분에서 15분으로 빠르게 밥을 먹고 배식대 세팅을 시작한다. 이때 조리(실무)사들은 누가 어떤 음식을 배식할지 다시 한번 최종 점검을 하고, 음식의 양을 얼마만큼 나누어주어야 하는지 배식 도우미나 배식 도우미 학생들에게 설명한다. 이때 배식을 하는 사람이 양 조절을 잘할 수 있는지, 맡은 음식을 잘 배식할 수 있는지, 배식의 흐름이 지체되지는 않을지 등을 고려한다.

배식과 세척

12시 30분이 되면 학생 배식이 시작된다. 배가 고픈 학생들은 배식 10분 전부터 내려와 줄을 서 기다린다. 배식대는 2

---

* 내가 근무한 급식실에서는 가끔 학교 교직원용 음식을 따로 하기도 했다. 예를 들어 제육볶음이 나온 경우 학생들의 입맛에 맞춘 양념을 하여 조리하고, 그 이후에 교직원용을 조금 더 맵게 하는 식으로 조리를 두 번 하기도 했다.

개로 나누어 진행하며 약 500명에게 배식을 진행한다. 각각의 배식대에 총 6명이 배정되어 배식을 담당한다. 찬의 개수는 5~6가지이며 때로는 7~8가지가 되기도 해 한 사람이 2~3가지를 동시에 배식하는 경우도 있다. 대부분 주찬, 국, 밥은 배식 경험이 많은 조리(실무)사들이 담당하고 부찬, 후식 등 비교적 쉬운 메뉴는 배식 경험이 적은 사람들이 진행한다. 12시 30분을 전후로 배식 지도를 하기 위해 영양교사나 교사 중 몇 명이 식당에 온다. 영양교사와 교사는 학생들이 줄을 잘 설 수 있도록 지도하고, 조리(실무)사도 학생들을 지도한다.

　12시 30분부터 배식이 시작되면 조리(실무)사들은 남은 음식의 양과 학생 수를 틈틈이 살피며 배식한다. 경력이 오래된 조리(실무)사는 배식하는 와중에도 배식이 지체되지 않고 신속하게 이루어질 수 있도록 배식하는 사람들을 관리한다. 음식이 많이 남거나 혹은 모자라지 않도록 양 조절도 지시한다. 12시 45분 정도가 되면 배식이 마무리되고, 더 먹고 싶은 학생들을 위해 추가 배식을 한다. 이때는 배식대 하나만 남겨놓고 추가 배식을 진행하고, 추가 배식을 하지 않는 인원들은 잔반통과 사용한 식판, 수저가 담긴 큰 수조를 끌고 세척실로 들어간다. 가지고 온 식판은 한데 모아 물에 담가 불려놓는다.

　12시 50분에는 추가 배식을 끝낸 사람들이 나머지 잔반과 식판, 수저 등을 끌고 세척실로 들어와 물에 불린다. 본격적으

식판을 물에 불릴 때 사용하는 수조.
배식이 끝나면 여러 대의 수조에 500장의 식판이 가득 찬다.

로 세척과 청소가 시작된다. 조리(실무)사 네 명은 전부 세척실로 들어가 세척을 진행하고, 보조 인력들은 식당 정리를 시작한다. 세척실 상황을 살펴보면, 수거한 식판을 한 수조에 모아 식판에 붙은 찌꺼기들이 잘 떨어지게 뜨거운 물에 불려놓고, 식판들이 물에 불려질 때까지 나머지 집기들(수저통, 잔반통 등)을 한 명은 세제로 닦고, 한 명은 물로 헹군다. 나머지 두 명은 가지고 들어온 교직원용 식판과 국그릇을 통에 담가 물에 불린 뒤 세척용 약품으로 닦아 세척기에 넣는다. 교직원용 식판과 학생용 식판이 다르고, 국그릇을 추가로 쓰기 때문에 학생

식판세척기

식판세척기와 다른 소형 식기세척기에 별도로 세척한다. 이후에 둘은 밥솥과 수저를 세척하여 세척 도우미에게 전달한다. 세척 도우미는 숟가락과 젓가락을 구분해 담는다.

학생용 식판 약 500개가 어느 정도 불려졌으면 조리(실무)사 세 명은 고압 물 호스로 식판을 쏴 찌꺼기를 제거한다. 이때 한 명은 식판 세척기 가까이 붙어 있어 호스를 쏘는 동시에 식판들을 세척기에 넣어주어야 한다. 식판을 세척하는 세척기가 있지만 식판을 바로 세척기에 넣을 수 없다. 세척기는 물 세척만 해주기 때문에, 조리(실무)사들이 식판에 붙은 찌꺼기를 불리고, 일일이 제거해주어야만 식판이 깨끗하게 닦인다.

세 명이 식판을 세척하면 나머지 한 명은 식판 세척기 앞에 서 있다가 세척이 완료된 식판을 소독고로 옮겨야 한다. 식판은 한 장씩 나오는 게 아니라 20장 정도가 겹쳐져 나오고, 이 식판들을 차곡차곡 세워 소독고로 넣어준다. 식판이 스테인리스로 되어 있어 20개씩 겹쳐지면 그 무게가 상당하다.

식판이 세척되는 동안에 급식 보조 인력은 급식실을 청소한다. 세 명 중 두 명은 배식대를 먼저 정리한 뒤, 급식실 내 온장고 및 냉장고를 닦는다. 그 후 급식실과 교직원 식당 바닥에 흘린 음식물, 쓰레기 등을 빗자루로 쓸어낸 뒤 물걸레질을 한다. 빗자루가 짧고, 식탁 아래도 쓸어야 했기 때문에 허리를 구부린 채 일을 할 수밖에 없어 빗자루질을 한 날이면 허리가 매우 아팠다. 또 그날 급식에 우유갑이나 플라스틱 컵에 담긴 후식이 나왔으면 그 쓰레기들을 모아 물로 헹궈 재활용 봉투에 담아 정리해야 한다. 그냥 버리게 되면 여름철에는 냄새가 나 민원이 들어오기 때문에 세척해 버려야 한다. 나머지 한 명은 식탁과 가림판(코로나 시기에 방역을 위해 쓰였던 투명 가림판)을 소독약으로 닦는다. 내가 일했을 때는 여름 장마가 한창이어서 습했기 때문에 매일매일 곰팡이가 생겼는지 안 생겼는지도 확인해야 했다. 주로 책상 밑, 의자 밑에 곰팡이가 피어서 허리를 수그리며 300석 정도 되는 책걸상 밑을 일일이 확인해야 했다.

세척이 어느 정도 끝나면 오후 1시 40분이 된다. 조리(실무)사들은 중간에 20분 정도 휴식 시간을 갖기도 하는데, 내가 근무했던 두 달 동안 중간 휴식 시간을 가진 건 두 번밖에 되지 않는다. 조리실무사인 혜진이 의식적으로라도 건강을 위해 업무 중간에 쉬어야 한다고 얘기하여 몇 번 쉬기는 했지만, 항상 일이 많고 바빴기 때문에 휴식 없이 일이 진행되었다.

청소와 마무리

오후 2시에 네 명 중 두 명은 조리실 청소를 시작한다. 한 명은 조리실 내 오븐, 취사기, 냉장고, 에어컨 등을 닦고 전처리실로 넘어가 전처리실 내 식품 창고에서 재고정리를 한다. 그러면서 내일 사용할 물품들을 미리 꺼내놓기도 한다. 이후 휴게실로 들어가 작업복 등을 빨고, 휴게실을 청소한다. 한 명은 조리실 내 솥이 있는 앞쪽 바닥의 찌꺼기를 청소하고, 하수구도 열어 청소한다.

나머지 두 명은 세척실에 남아 세척실을 청소한다. 마찬가지로 세척실의 하수구 트렌치를 들어내 음식물 찌꺼기를 정리하고, 세척실의 바닥과 식판 세척기, 세척실 내 소독고를 닦아준다. 이후 마지막으로 음식물 쓰레기를 정리한다. 오후 2시 50분이 되면 도우미(배식, 방역, 세척)들이 퇴근한다. 조리(실무)

사들은 마지막으로 급식실, 전처리실, 조리실, 세척실 등을 다시 한번 점검하고 휴게실로 들어온다. 빠르면 오후 3시 10분, 늦으면 오후 3시 30분에는 일이 마무리된다.

　일이 마무리되면 휴게실에 딸린 화장실 겸 샤워실에서 샤워를 한다. 하루 종일 불 앞에서 찌고, 볶고, 끓이고, 무거운 것을 들고 나르다 보면 온몸이 땀범벅이 된다. 더군다나 조리(실무)사들이 입는 앞치마는 뜨거운 물이나 기름 등으로부터 몸을 보호하기 위해 일반 앞치마보다 두꺼워 더운 몸을 더 덥게 만든다. 땀범벅이 된 몸을 씻고 나와 조리(실무)사들은 내일 메뉴에 대한 논의와 배식대 인력 배치 등을 의논해 표로 작성해 놓는다. 처음 보는 음식이 메뉴에 있으면 조리 방법을 검색해보며 의논하다 오후 4시가 되면 급식실의 문을 잠그고 퇴근한다. 보조 인력들의 일은 항상 고정되어 있었고, 조리(실무)사들은 업무를 매일 번갈아가며 하고 있었다.

여자라면 누구나 할 수 있는 쉬운 일?

학교 급식은 상당한 숙련이 필요한 일이지만, 그들의 일은 '누구나 할 수 있는 일'로 저평가되고 있다. 2개월간 급식실에서 일을 해본 결과, 급식 일은 단순히 누구나 할 수 있는 일이 아닌, 축적된 경험이 매우 중요해 숙달되지 않으면 할 수 없는 일이었다. 이번 장에서는 그들의 노동이 어떻게 저숙련 노동으로 여겨지고 있는지 급식 노동자들의 노동 경험을 바탕으로 분석해보고자 한다.

밥하는 일: 가사 노동의 연장선에서 이해되는 학교 급식 노동

역사적으로 여성들의 일은 비가시화되고 축소·은폐되어 왔다. 가사 노동에 대한 인식이 많이 개선되고는 있지만 몇 년 전만 해도 전업주부에 대해 '집에서 논다'라는 인식이 있었을 정도로 주부의 노동인 청소, 요리와 같은 가사 노동은 유급 노동에 비해 '진짜 일(Real Work)'로서 인식되지 못했다(Duffy, 2011:12; 강이수·신경아, 2001:34). 가사 노동에 대한 저평가는 노동 시장에 그대로 영향을 주었고 요리, 청소, 돌봄과 같은 노동을 비숙련, 단순노동 등으로 인식하게 하였다.

학교 급식 또한 기혼 여성이 가정에서 수행하던 일을 그대로 노동 시장(학교)으로 옮겨와 수행하는 것으로 여겨지고, 여기에는 특별한 기술이 필요하지 않을 것이라고 이해되어 비숙련이라고 여겨진다. 급식실 첫 출근 날, 이 같은 인식을 경험한 일화가 있다. 업무를 마치고 나와 같이 첫 출근한 자현과 함께 근로계약서를 쓰기 위해 학교 행정실을 찾았다. 경력이 오래된 조리실무사 혜진이 우리 둘을 데리고 행정실로 갔다. 행정실 직원이 나와 자현에게 근로계약서를 출력해주는 동안 혜진과 행정실의 직원들이 이야기를 나누었다. 어쩌다 그런 이야기가 나왔는지는 모르지만, 행정실 직원이 자신도 집에서 밥을 잘한다며 조리실에서 일할 수 있다고 이야기했다. 혜진은 장난스러운 말투였지만 단호하게 직원에게 '할 수 없다'라며 반박했다.

계약서를 작성하려고 기다리고 있었는데 (…) 혜진과 행정실 직원,

행정실장이 이야기를 나누기 시작했다. 그 과정에서 행정실장이 조리실에서 자신도 일할 수 있다고 하자 혜진이 "우리는 프로페셔널이에요. 행정실장님이 와서 뭘 할 수 있어요."라고 농담 섞인 말로 대답하였다. 거기서 행정실 직원이 자신도 집에서 밥을 잘한다며 급식 일도 잘할 수 있다고 하였다. (관찰일지, 2022.06.02.)

행정실 직원의 말에서 학교 급식이 여전히 집안일의 연장선상에서 이해되고 있음을 알 수 있었다. 사적 영역(가정)의 가사 노동 경험만 있으면 급식실에서 일하는 게 전혀 어렵지 않다는 인식을 그의 말에서 읽을 수 있었다. 앞 장에서 알 수 있듯 학교 급식은 가정에서 밥을 하는 것과는 차이가 크다. 학교 급식은 요리뿐만 아니라 청소, 식재료 및 급식실 관리까지가 업무 범위로 여기에서 다시 세부적인 업무로 나뉜다. 요리는 재료를 검수, 세척, 다듬기, 조리로 나뉘고 청소도 바닥과 하수구 청소, 식판 세척, 기타 집기 세척과 같이 세부적인 업무가 모여 청소라는 하나의 범위를 구성하게 된다. 또한 급식 노동은 고도의 숙련노동으로 특히 요리는 재료 손질과 조리 방법 등에 대한 경험적 지식이 필요하고 그 지식을 몸에 익히는 훈련이 필요한 숙련노동이다(백경흔, 2021:57).

물론 급식 노동은 가사 노동 경험과 중첩되기도 한다. 음식을 조리하는 방법이나 재료 손질 방법 등을 물으면 조리(실무)사들은 '집에서 요리하듯이 한다'라고 이야기하며 일정 부분 가사 노동 경험에서 그 지식을 습득했다고 말했다. 콩나물을 삶을 때 뚜껑을 닫아야 하는 이유, 요리에 들어가는 재료를 어떤 크기와 모양으로 잘라야 하는지 등의 지식은 가정에서의 요리 경험을 통해 그들이 체득한 것이었다. 그러나 동시에 여성들은 급식 노동이 '집안일과는 또 다른 일'이라며 차이가 있다고 이야기했다. 학교 급식은 대용량의 음식을 만들기 때문이다.

"하기는 하는데 이게 내가 집에서 살림하던 그거랑 완전히 다르잖아요. (⋯) 그러니까는 내 딴에는 (열심히) 하려고 이런 기구 같은 거나, 도구 같은 거 어디 있어요? 어디다 둬요? 그런 거를 먼저 물어봐서. 또 가르쳐주지. 가르쳐줘야 되고. 그 사람들이 먼저 이거는 여기 있고, 이거는 여기 있고 하니까 여기서 찾아서 하면 돼. 이게 우리가 참 처음 접하는 거라 그렇게 한두 번씩 얘기를 해줘도 못 알아들어요. 몇 번 수시로 이렇게 자꾸 얘기를 해주고 이제 우리가 직접 겪어봐야지 알지." (자현과의 인터뷰 중)

"집에서 하는 것같이 해야지. (집에서 하는 것처럼) 해도 되겠다. 그렇게 하고 (새로운 직원이) 왔는데 학교는 이제 대형이잖아. 이렇게 많잖아. 그 파도⋯ 우리는 (집에서) 두 개, 세 개 가잖아. (급식실은 대용량이니까) 그래서 다발로 오잖아 우리는. 그것도 다 손으로 썰어야 돼. 그러니까 힘들어해. 손으로 썰어야 되니까. 일일이 하나씩 해야 되니까. (영미와의 인터뷰 중)

영미는 초등학교에 근무하는 조리실무사이다. 영미는 인터뷰에서 자신이 근무하고 있는 학교에 최근 새로 입사한 조리실무사가 한 이야기를 공유해주었다. 그 조리실무사는 처음에 급식 일을 집안 살림과 비슷하다고 여기고 들어왔으나 집에서는 쓰지 않는 도구, 재료의 양을 보고 급식과 집안일은 전혀 다른 일이라고 이야기했다고 한다. 학교 급식은 대용량의 음식을 조리하는 일이므로 가정의 요리를 할 때와 다르게 훨씬 더 많은 재료와 더 무거운 중량을 다루게 된다. 뿐만 아니라 조리 기구도 가정과는 다르며, 대용량 음식 조리법으로 진행되기 때문에 가정의 조리법과는 큰 차이가 있다.

예를 들어 가정에서 대략 4인 기준의 나물무침을 만들 때와 500인분의 나물을 무치는 것은 전혀 다른 일이다. 급식 노동자들은 가정에서 요리했던 경험을 바탕으로 나물을 만들 수는 있지만 동시에 500인분의 많은 양을 무칠 때는 양념을 조금 묽게 만든다거나, 채소의 수분을 이용하여 많은 양의 나물이 엉키지 않게 하는 등의 숙련된 노하우를 발휘해 대용량의 나물을 무친다.

"양념을 좀 묽게 하든가. 또 만약에 양념을 좀 뻑뻑하게 했다라고 할 때는 이렇게 야채에서 수분이 나오게 해서 야채에다 양념을 버무려놔요. 수분이, 야채 수분이 나오잖아요. 그때 이제 살살살… [그런 거는 어떻게 아신 거…] 하다 보면 원래 집에서도 그렇게 하지만, (급식일을) 하다 보면 또 노하우가 생기더라고. [집에서도 그렇게 요리를 계속하셨어요?] 많은 양을 안 하니까 그렇게 엉키지도 않아요. 이렇게 많은 양을 할 때는 양념을 많이 해 놓으니까 이렇게 수분이 없이 빡빡할 때가 있어. 그때부터는 수분 있는 야채에다가 좀 버무렸다가 수분이 생기면 이렇게 좀 더 버무릴 때도 덜 힘들고 많은 양을 해야 되니까….'' (선영과의 인터뷰 중)

학교 급식은 대용량이기 때문에 가정에서 하는 요리와 조리 방법이 달라지기도 한다. 급식실에서 일하면서 그 차이를 발견할 수 있었는데 그중 하나가 면이었다. 면 같은 경우 가정에서는 끓는 물에 면을 넣고 끓여 찬물에 헹구지만 학교에서는 많은 양의 면을 한꺼번에 삶기 위해 면을 오븐 트레이에 깔아 넣은 뒤 오븐의 스팀 기능으로 면을 쪄내었다. 또 국 조리법도 차이가 있었다. 하루는 메뉴로 오징엇국이 나온 적이 있었다. 현주가 국을 담당하는 날이었는데, 현주는 오징엇국을 끓일 때 처음부터 국에 오징어를 넣고 계속 끓이면 오징어가

질겨지므로 오징어를 국에 살짝 데친 뒤 맛만 내고 빼놓았다가 국이 완성되어 나가기 전 국에 오징어를 넣고 살짝 끓여주었다.

이처럼 급식 노동의 조리법은 가정의 조리법과 유사하기도 하면서 분명한 차이가 존재했다. 그러나 문제는 이같은 차이가 존재함에도 학교 급식은 가사 노동의 연장선에서만 인식되고 있고, 가사 노동에 대한 저평가 또한 급식 노동에도 그대로 투영되고 있다는 것이다.

쉬운 일: 인정되지 않는 학교 급식 노동자의 숙련

숙련이라는 개념은 일반적으로 "작업이나 직무의 기술적 이해의 정도, 구상과 실행의 통합, 그리고 노동력에 의한 자율적 통제의 실시"로 이해된다(김미주, 2000:175). 그렇다면 어떤 노동이 숙련노동인가? 흔히 숙련은 인적 자본론적 접근방식에 의해 평가되고 있다. 즉, 노동자 개개인의 교육 수준이나 훈련에 대한 투자가 많으면 많을수록 '숙련됨'으로 인식되기 때문에 많은 사람들은 더 좋은 대학에 들어가고자 하며, 자격증을 따기 위해 많은 시간을 들인다. 한편, 작업장에서 이루어지는 작업 내용이나 직무의 특성으로 노동자의 숙련을 파악하는 노동 과정론적 접근방식도 존재한다(남국현, 정경숙, 2019).

학력, 학벌 같은 교육 수준이나 자격증만으로 숙련을 판단한다면 보다 다양한 노동이 숙련으로 인정되지 못한다. 숙련으로 인정받지 못하는 노동의 대부분은 섬세함, 꼼꼼함, 손재주와 같은 여성적 특성을 바탕으로 하는 노동이나, 청소부터 요리, 돌봄과 같이 여성이라면 누구나 할 수 있을 것으로 간주되는 노동들이다(정경아, 2000). 따라서 많은 여성학자들은 숙련 개념을 재구성해 그동안 비숙련으로 간주되어온 노동을 재평가해왔다. 이를 통해 숙련은 공식적인 학교 교육 외에도 노동 현장에서 노동을 경험하며 형성될 수 있다는 점을 강조해왔다(김미주, 2000; 김양지영, 2005; 김현아, 2016; 백경흔, 2021).

학교 급식 노동자들의 숙련도 일 경험이 몸에 축적되어 발휘된다. 이들은 경험을 통해 요리에 양념이 얼마나 들어가야 하는지 레시피를 굳이 보지 않아도 알 수 있고, 면에 전분기가 덜 빠졌다는 것도 먹어보지 않아도 알 수 있다.

아래는 조리실무사 혜진이 하이라이스 소스를 만드는 장면을 기록한 내용이다. 혜진은 소스를 만들 때 들어가는 물의 양을 자신의 경험을 통해 알고 있었으며, 레시피에는 없는 자신의 노하우를 발휘해 소스를 끓여내었다.

혜진이 나에게 스텐솥의 다시마 육수를 퍼다가 무쇠솥에 부어달라고 했고 자신이 손으로 가리킨 양까지 부어달라고 했다. 나는 큰 국자로 스텐솥에서 육수를 퍼 무쇠솥으로 옮겨 담았다. 혜진이 그 육수의 양을 보더니 육수를 좀 덜어낸 뒤에 하이라이스 소스 가루를 3~4봉지 부었다. 그러면서 이 가루 안에 전분이 들어 있어서 양을 맞추기가 어렵다고 했다. 물을 너무 많이 하면 농도가 묽어져 나중에 전분 가루를 넣어 농도를 맞춰야 하고, 농도가 너무 짙은 경우에는 물을 추가하면서 농도를 맞춰야 한다고 했다. 또 농도를 너무 짙게 하면 소스가 탈 수 있다고 이야기해 주었다. (…) 그런 뒤 이런 건 다 경험을 해보면 안다며, 예전에 이 소스를 만들며 태워 먹고, 농도가 묽어 전분 넣고 농도를 맞춰본 경험이 있기 때문에 아는 것이라고 답했다. 가루를 다 푼 뒤에는 우스터소스, 소금, 후추, 설탕, 케첩을 넣고 소스를 만들었다. 나는 이렇게 넣는 양념이 작업지시서에 적혀 있는 것인지 물었고 혜진은 그렇지 않다고 했다. 그러면서 레시피가 구체적이고, 양념을 정확히 몇 그램 넣을 것인지 정해주는 학교도 있지만 여기는 그렇지 않다면서 자신들이 양념은 알아서 넣는다고 했다. (관찰일지, 2022.07.15.)

위와 같은 지식과 노하우는 책이나 업무 매뉴얼처럼 글로 작성된 것이 아니라 경력자가 신입에게 업무 과정을 보게 하거나, 실전에서 시행착오 등을 겪으며 얻을 수 있는 '경험적 지식'이다(정경아, 1999). 따라서 새로운 조리(실무)사가 들어오게 되면 업무 교육도 주로 '보기, 듣기, 직접 해보기' 등을 통해 이루어진다. 경력이 없는 신입 조리실무사는 경력자들이 보여주는 시범을 주로 눈으로 보면서 익혀야 하며, 업무를 익히는 데까지는 상당한 시간이 소요된다.[*]

"근데 새로 들어오는 애들은, 만약에 걔를 가르치려면 이제, 우리가 일을 할 때 우리 옆으로 오라고 그러지. (…) 한 한 달 정도 되면은 이제 걔를 오라고 그러지. 이렇게 이렇게 하는 거니까 이제 배우라고, 앞으로 눈여겨보라고, 그리고 이제 시간 있을 때마다 와서 음식할 때 옆에 서서 보라고….″ (은영과의 인터뷰 중)

---

[*] 이 같은 급식 노동의 특성은 인력 부족이라는 현실과 만나 노동 강도를 높여 노동자에게 스트레스를 주는 원인이 되기도 했다. 인터뷰에 참여한 사람들 중 많은 사람이 새로 들어온 사람을 가르쳐야 하는 것에 대한 고충을 털어놓았다. 인터뷰에 따르면 급식실에 경력이 없는 신입사원이 들어온 경우 이들이 업무를 익히고, 온전히 자신의 업무를 해낼 수 있을 때까지 걸리는 시간은 최소 1개월에서 6개월이 걸린다. 급식실에서 신입을 교육시키는 일은 높은 경력을 가진 선배들이며, 한 명이 도맡아서 교육시킨다기보다는 여러 선배들의 작업을 보고, 같이 일을 하면서 익힌다. 신입 교육은 매뉴얼과 같은 문서, 글로 이루어지기보다는 선배가 일하는 과정을 눈으로 보고 익히며 몸으로 체현하는 과정이다. 따라서 신입은 일이 완전히 몸에 익기 전까지는 선배와 함께 보조로 일하며 업무를 익힌다. 선배 조리(실무)사는 자신의 일도 수행하는 동시에 신입에게 일을 설명하고, 일을 시켜보며 신입이 일을 익힐 수 있도록 한다. 이때 선배 조리(실무)사들은 신입이 아직 노하우나 업무에 대한 지식이 부족한 상태임을 감안하고 그들이 할 수 있는 쉬운 일부터 배정해준다. 급식실의 총 인력으로 봤을 때 수적으로는 한 명 늘어난 상태이지만 그 사람을 가르치는 일이 기존 조리(실무)사들에게 부가되기 때문에 신입 조리실무사가 들어오고 업무에 적응하기까지 이들의 노동 강도가 높아지는 것이다.

은영의 말에서도 알 수 있듯 눈으로 다른 사람의 숙련된 작업 과정을 관찰하거나 과정에 대한 설명을 듣는다고 하여 바로 제대로 된 일을 할 수 있는 것은 아니다. 숙련된 경력자의 시범과 설명을 보고 들은 후 이를 자신의 몸에 체현시키는 과정이 동반되어야지만 제대로 된 일을 할 수 있다.

급식실에서 내가 미경과 함께 약 500인분의 볶음밥을 만들었을 때였다. 볶음밥은 솥에서 볶는다고 생각했지만, 미경은 2m가 넘는 직사각형 모양의 무침기에서 밥과 재료를 손으로 섞어 볶음밥을 만든다고 했다. 이때 미경이 밥과 재료를 잘 섞는 방법을 알려주었고 자세를 보여주었지만, 한 번에 밥과 재료를 섞어내지 못했다.

밥을 섞는 방법을 미경이 알려주었는데, 작은 양을 아래 모서리 부분부터 손으로 섞으며 중앙 쪽으로 오라고 했다. 양손을 아래쪽으로 넣어 밥을 퍼 올리는 방식으로 섞으라고 했는데, 내가 밥을 섞는 모습을 보더니 미경이 "빨래를 하면 안 된다"라고 했다. 밥을 섞으면서 밥알이 손에 눌려 망가지지 않도록 잘 섞어야 하는데 나는 밥을 꾹꾹 누르며 섞었고, 그 모습을 보고 빨래하는 것 같다고 웃으며 이야기했다. (관찰일지, 2022.07.08.)

무침기

"튀김 같은 것도 무조건 뭐 기름에, 뜨거운 거에 넣는다고 되는 게 아니야. 우리는 대량이니까. 그래서 뭐 치즈가 들어간 돈가스 그런 건 높은 온도에서 빨리 튀겨내야 해. 낮은 온도에서 튀기면 치즈가 녹아서 죽이 되면은 애들 배식이 안 되는 거지. 그니까 조리사로서 그런 거 다 좀 체크해줘야 되는 거야. 근데 나는 뭐 튀김 경험이 많으니까 알고 있지. 그 사람은 다른 데서 알바만 하다 온 친구야. 여기 조리(실무)사로는 처음인 거야. 우리 학교가. 자기 딴에는 보기는 했어 많이. 근데 막상 하려니까 겁이 나는 것도 많지. 그 사람을 내가 다 지적해줘. 지도를 해주지. 근데 받아들이는 입장에서는 잔소리로 들릴 때가 있기는 했었을 거야. 그런데 이제 튀김할 때 한 번 내가 그 사람이 못 튀기는 걸 내가 튀겨줬어. 그럴 때 느꼈을 거야. 아 이게 잔소리가 아니구나. 다 이게 경력에서 나오는 것 같아. 나는 저쪽에서 혼자서 막 메인을 했었기 때문에 튀김은 진짜 눈 감고도 한다? 뭐 한두 개는 아무나 튀길 수 있어. 근데 50개씩, 60개씩 돈가스 넣어야 되잖아. 그럼 기름 온도가 확 떨어져. 그러면 안 되거든. 그런 건 안 해봤던 사람은 몰라." (미경과의 인터뷰 중)

학교 급식 노동은 가정에서 가사 노동이나 혹은 교육훈련 등을 통해 얻은 지식을 바탕으로 하되, 실제 일 경험을 통해 가정의 요리와는 또 다른 대용량 음식 조리법과 노하우를 몸에 익히고 축적시키는 과정이다. 또 어떤 메뉴가 어디서 누구에 의해 조리되고 있는지, 개별 메뉴가 어느 시점에 마무리가 되며 어떤 일이 지연되고 있는지, 돌발 상황이 발생했을 때는 어떻게 대처해야 하는지 등의 종합적인 판단과 사고가 필요한 노동이다.

"이게 있어요. 조리장이 보는 그 음식하는 순서와 본인들이 각자 맡은 부찬, 주찬 이런 거 있잖아요. 그럼 각자 보는 눈이 다 달라. 예를 들어 내가 오늘 빵을 구워야 돼요. 근데 순서가 나는 이제 초코빵 굽고 이걸(바게트) 굽는다고 그랬어. 그런데 주방에 막상 들어가니까 초코빵을 먼저 구우면 안 돼. 그래서 바게트빵을 먼저 구워야 돼. 그래서 처음에 레시피 조회를 할 때는 이렇게 한다고 했는데 딱 들어갈 때 보면 전체적으로 파악하고 오늘 안 되겠다. 초코 (먼저) 구우면 안 되겠어요. 초코 나중에 굽고 바게트를 먼저 시작할게요. 바꿔. 이게 그래서 다른분들이 보는 거랑 내가 전체적으로 판단했을 때 이 음식이 먼저 나와야 되고 저 음식이 늦게 나와야 되는데. (조리사와 실무사가 보는 관점이) 좀 달라요. 만약에 오븐을 쓰더라도, 예를 들어 오븐에서 냄새나는 거를 먼저 할 수 없어요. 냄새가 안 나는 걸 먼저 한 다음에 만약에 생선하고 빵이 있어. 그럼 빵을 먼저 굽고 생선 굽는 게 낫겠죠? 이런 식으로 바꿔치기를 한다든가." (지영과의 인터뷰 중)

이 같은 종합적 판단과 사고는 경력과 연결된다. 경력이 높으면 높을수록 많은 경험이 노동자의 몸에 축적되고 위와 같은 종합적 사고가 가능해진다. 종합적 사고는 요리할 때뿐만 아니라 배식, 청소처럼 급식 노동 전반적인 과정에서 나타나고 있었다. 경력이 높은 조리(실무)사들은 배식을 하면서 동시에 배식의 흐름을 전체적으로 살핀다고 하였다. 배식을 하면서 어느 반찬이 모자라는지, 어느 반찬이 많이 남을 것 같은지를 빠르게 체크하고 상대적으로 배식을 잘하지 못하는 동료 혹은 학생 도우미들의 배식 양을 조절하기도 한다.

그뿐만 아니라 학교 급식 노동자들은 고중량을 다루며 단시간 내에 높은 노동 강도를 소화해야 하므로 현장에서 어떻게 하면 조금 덜 힘들게 일하며 효율적으로 일할 수 있을지 매번 고민한다. 급식실 내에서 '효율적'의 의미는 '몸이 덜 힘들고', '시간도 단축되며 결과도 좋은' 것을 의미한다. 이들이 보여주는 효율적인 작업 방식 또한 재료나 조리 기구의 특성에 대한 지식이 뒷받침되어야 하며 이를 바탕으로 활용 및 응용할 수 있어야 가능하다.

시금치는 총 세 번 씻었는데, 큰 수조에 찬물을 받아서 시금치를 헹구고 뜰채로 다시 퍼내는 작업을 했다. 시금치를 뜰채로 어느 정도 뜨고 나자 밑에 작은 시금치 건더기들이 남아 있었는데, 나는 그것을 하나씩 뜰채로 떠냈다. 반면에 미경은 수조 밑에 밸브를 열어 물을 빼내면서 그 아래 뜰채를 받쳐 나머지를 건져내었다. 또 미경은 시금치를 세 번 헹구고 나서 바트를 씻어놓은 시금치 위에 놓고 그 바트에 물을 받았는데, 물의 무게로 물기를 쉽게 짜기 위해서였다. 어떻게 아시게 된 거냐고 여쭤보니 다른 조리사들이 손으로 시금치 물기를 힘들게 짜고 있는 걸 보고 자신이 생각해낸 방법이라고 했다. (관찰일지, 2022.06.21.)

그러나 이 같은 급식 노동자의 숙련은 학교 같은 '공식적인' 교육을 통해 얻은 것이 아니기 때문에 인적 자본으로 여겨지지 못하고, 이에 따른 구체적인 평가 체계도 존재하지 않는다. 감정노동이나 돌봄과 같은 업무에 종사하는 여성들의 숙련은 공식적인 자격증을 가지고 있고, 오랜 시간 일 경험을 통해 숙련된 기술과 지식을 학습한 것이라 해도 여성의 자연스러운 능력의 발현으로 여겨지며 비숙련으로 여겨진다 (Amstrong, 2013:261). 급식 노동자들도 오랜 경력을 바탕으로 학습한 노하우를 통해 누구보다 효과적이고 효율적으로 일하며 숙련을 발휘하고 있지만, 이들의 일은 '여성이면 누구나 할 수 있는 일'로 여겨지며 숙련으로 고려되지 않는다. 그뿐만 아니라 이들이 공식적인 훈련 과정을 거쳐 조리사 자격증을 취득했다고 해도 인정받지 못한다.

급식을 비롯해 돌봄과 같은 여성 집중 직종을 둘러싸고 있는 '비숙련'에 대한 인식은 노동자 스스로에게도 영향을 미쳐, 자신들의 노동을 숙련노동으로 인식하지 못하게 만들기도 한다. 백경흔(2021)의 연구에서도 돌봄노동에 대한 평가절하를 내면화한 노동자가 자신의 노동을 저평가하는 모습을 볼 수 있는데, 이때의 노동자는 자신의 노동에 대해 축소하면서도 동시에 노동 과정을 보다 자세하게 기술하는 이중적 말하기 모습을 보였다(백경흔, 2021:70). 학교 급식 노동자도 이와 마찬가지로 자신들의 노하우를 묻는 연구자의 질문에 '그냥 안다'와 같이 자신의 일을 축소하였지만 동시에 자신들의 일은 노하우가 필요한 일이라고 강조했다.

은정: 조림을 하면 약간 이제 사각 모양. [연주: 그렇죠] 볶음은 약간 스트라이프 모양. [연주: 세로로] 이런 생각으로 하고 있으면⋯ 무침인데 크게 자를 수가 없잖아요. 당근을. 그렇죠? 그러니까 기본 생각이 이거는 무침이니까 채로 가야지. 갈비찜이면 벌써 사각. 감자도. 그런 게 이제 몸에 배는 거죠. [나: 그런 거는 어떻게 알게 되신 거예요?] 그냥 엄마니까.(웃음) 엄마니까, 여자니까 그러지 않을까요. (은정, 연주와의 인터뷰 중)

은정에게 요리에 따라서 채소를 다르게 써는 방법은 어떻

게 알게 되었냐고 물으니 자신이 엄마이고 여자이기 때문에
안다며 자신의 지식을 축소하여 이야기하였다. 그러나 동시
에 급식 일은 상당한 노하우를 필요로 하는 일이며 이는 경험
을 통해 알 수 있다고도 이야기하였다. 이는 영미의 사례에서
도 나타났다. 영미는 초등학교에서 근무하는 조리실무사이다.
그와 인터뷰를 할 때 느꼈던 것은 자신의 일을 너무 쉽게 묘사
한다는 것이었다. 음식을 조리하는 과정을 설명해 달라는 나
의 말에 그는 콩나물무침을 예로 들며 조리 과정을 설명해 주
었다. 영미는 지금 근무하는 학교로 옮기고 나서 콩나물무침
이 메뉴로 나왔을 때, 콩나물을 삶고 물기를 빼지 않는 것을
보고 놀랐다고 한다. 그래서 조리사에게 제안하여 나물을 삶
고 나서는 물기를 빼고 무치도록 조리 방법을 바꾸었다고 했
다. 또 콩나물을 삶은 뒤에 무치는 방법에 대해 물으니 무치는
방법에 대해서도 세세하게 알려주었다. 이런 방법을 어떻게 알
게 되었는지 묻자 그는 그냥 '남들과 똑같이 무친다', '그냥 하
면 된다'라며 단순하게 대답했다. 그러나 단순한 답변과는 다
르게 뒤에 이어지는 설명은 경험을 통해 체득한 노하우였다.
그는 골고루 무침이 섞이기 위해서 한쪽에서만 무치면 안 되
고 콩나물을 통 앞쪽으로 보내면서 무쳐야 한다며 노하우를
소개해주었지만, 그것을 습득한 것은 '그냥 안다'와 같은 대답
으로 자신의 지식을 축소하는 모습을 보였다.

"근데 학교마다 다르더라고요. 물 팔팔 끓으면 소금 넣고 콩나물을 넣더라고. 그래가지고 삶더라고. 나 배울 때는 물 조금 넣고 콩나물하고 같이 끓였거든. 우리 집에서 하는 것같이 문(뚜껑) 닫고, 이렇게 냄새(를 맡아) 봐가지고 괜찮은가 싶은지 열어가지고 찬물로 씻는단 말이야? 근데 나 여기 오고 나서는 물 끓고 소금 넣고 콩나물을 삶은 거야 계속. 같이 안 담고 물하고 같이 안 하고. [처음부터 안 끓이고.] 나는 그렇게 안 배웠거든. 그냥 물하고 콩나물하고 소금 이렇게 넣고 같이 삶는 걸로 이렇게 알고 있었거든. 근데 여기는 그렇게 하더라고. 또 여기 왔으니까 그런 거를 따라야 할 거 아니야. 그렇게 했지. 그래가지고 계속 담가놓은 거야. 담가놓으면은 맛이 떨어지잖아. 콩나물 머리 노란 게 좀 연한 노란색으로 바뀌고 그러거든? 계속 담가놓고… 왜 그렇게 할까? 내가 그랬지. '콩나물은 거기다 담가놓으면 맛이 다 떨어지는데 왜 거기에 담가놓을까 언니?' 그랬더니 '다 빼라 그래' 그래가지고 바꿨지. 담가놓지 말고 물을 그냥 빼라. 찬물 한 번 헹궈가지고 그냥 빼면 되니까. 그냥 빼고 저기 채반에다 놓으면은 물이 쭉쭉쭉 빠지잖아. (물이 다 빠지고) 시간이 다 되었으면 (콩나물을) 무치는 거야 이제. [무칠 때도 뭐 혹시 좀 노하우 같은 게 있으세요?] 그거야 그냥 똑같이 무치면 되지. [그래도 경력이 없는 사람하고 경력자하고 무치는 건 좀 다를 거 아니에요.] 아냐, 똑같아.(웃음) 조금 손이 느려져서 그렇지. '야 빨리 해' 그렇게 하는데… 그 사람이 이렇게 늦게 하니까 그렇지. 행동하는 게 느려서 그렇지… 우리는 이렇게 하고 막 뒤집잖아. 이리로 갔다가 저리로 갔다. 왔다 갔다. 지그재그로 하면은 소금 같은 거 간이 잘 배잖아. 왔다 갔다 하니까. 지그재그로. [지그재그요?] 응. 이렇게 (무침기가 길이가) 길잖아. 그럼 여기서 이렇게 무치고, 이쪽으로 한쪽으로 다 못 쓰고 그다음 또다시 이쪽으로 가고 [아 왔다 갔다로… 그냥 여기서 그냥 한쪽에서만 무치는 게 아니고요?] 응. 그냥 거기서 무치면 힘들잖아. 그치. 힘들지. 그냥 그 자리에서 하면은 많잖아. 쌓였잖아 콩나물이. 그러니까 이쪽에는 별로 없잖아 가에는. 이쪽으로 보내고 가야지. 그래가지고 또다시 이쪽으로 다시 가고. [그럼 이렇게 앞으로 보내는 거예요?] 응. 그래야지 좀 낫지. [그런 걸 어떻게 아시는 거예요?] 그거 하면 돼.(웃음) (은정과의 인터뷰 중)

이처럼 노동자들은 급식 노동에 대한 비숙련 통념을 내면화하기도 하며 자신의 노동을 축소하고 있었다. 이 같은 축소의 배경에는 '여성이라면 누구나 할 수 있는 일'이라는 가사노동에 대한 저평가가 밑바탕이 되고 있었다.

위험하지 않은 일: 비가시화되는 여성들의
육체노동과 안전

앞에서 살펴보았듯 학교 급식은 약 500인분에서 많게는 1,000인분 정도의 대용량의 음식을 만들고 조리하는 일이다. 그 말은 매 순간 고중량을 다룬다는 것이다. 한 급식 노동자가 인터뷰에서 학교 급식 일을 두고 비유한 '코끼리 두 마리를 들어 밥을 짓는다'[*]라는 말은 과장이 아니다. 그만큼 학교 급식은 육체적으로 힘들 수밖에 없는 일이다.

> 식판이 세척되어 20개씩 겹쳐 있는데 이것을 카트에 실어놓아야 한다. 식판이 쇠로 되어 있어서 한 묶음씩 옮기는 게 힘들었고, 식판이 담겨 있는 곳이 눈높이 위에 있어서 무거운 식판을 위에서 아래로 내리는 게 힘이 많이 들었다. (관찰일지, 2022.06.03.)

내가 급식실에서 처음 맡았던 업무는 세척과 소독을 마친 식판을 세팅하는 것이었다. 식판은 20장씩 한 묶음으로 되어 있고 한 묶음당 5~6kg 정도 되었다. 약 500장 정도 되는 식판을 나와 배식 도우미 수진이 식판 카트에 세팅해 놓아야 했다.

---

[*] 이철, "코끼리 두 마리 들어 급식을 짓다, 아줌마 아닌 조리사", 한겨레 (2018.04.12.)

식판을 소독고에서 빼서 드는 것도 힘들었지만, 더 힘든 것은 소독고의 위쪽에 놓인 식판을 들어 아래로 내리는 것이었다. 키가 큰 편인 나에게도 위쪽 소독고에서 식판을 빼 아래로 내리는 것이 상당히 힘든 일이었는데, 나보다 키가 작은 수진은 몇 년간 이 작업을 해왔다. 수진뿐만 아니라 급식실 내에서 나보다 키가 큰 사람은 없었다. 그럼에도 급식실의 소독고 상부는 나의 키에도, 조리사나 급식 보조 인력 그 누구에게도 맞지 않았다. 이처럼 급식실 내 집기를 꺼내고 보관하는 작업이 노동자의 눈높이 위에서 진행된다는 것은 전반적으로 급식실 내의 설계가 노동자들의 신체 조건을 고려하지 않았다는 의미이며, 이는 고스란히 노동자의 손목이나 허리에 과중을 불러일으키게 된다(이윤근·허승무·한인임·박지혜, 2012).

급식실에서 무거운 것을 드는 일은 일상이다. 20kg이 넘는 취사기에서 갓 나온 뜨거운 밥통을 혼자서 들기도 하는데, 이 작업도 사실상 2인이 들어 옮기도록 업무 매뉴얼 등에서 제안하고 있으나 실제 현장에서는 시간도 없고 인력도 부족한 관계로 급식 노동자들은 혼자 밥통을 들어 옮기고 있었다. 간혹 급식 노동자 중 한 명이 혼자 들지 말고 두 명이 같이 들라고 얘기하긴 하지만 이미 관행처럼 굳어져 노동자 혼자 밥통을 들고 옮기는 경우가 다반사였다.

또 급식 배식도 상당한 육체노동이었는데, 배식을 하기 위해서는 음식을 떠 학생의 식판에 놓아주어야 한다. 단순한 일이라 힘들지 않을 것이라고 생각할 수 있지만 실제로 일을 해보면 식판에 놓아주기 위해 허리를 매번 숙여야 하고, 롱스푼과 같은 도구로 음식을 떠 주는 작업을 반복하다 보니 허리나 손목에 무리가 오기도 한다. 나도 배식을 하면서 허리 통증을 여러 번 느꼈다. 배식 이후에도 산더미처럼 쌓인 식판, 잔반이 담긴 통을 옮겨 세척실로 옮겨야 하는데 이때도 힘이 많이 필요하다.

조리 과정에서도 당연히 많은 힘이 필요하다. 우선 대용량의 음식을 조리하다 보니 재료도 무게가 많이 나간다. 급식 조리(실무)사가 약 500인분의 밥을 짓는 데 사용하는 쌀은 약 40kg, 음식 조리에 사용되는 간장이나 고추장, 식용유 등도 10~20kg 단위로 포장된 것들이 사용된다. 조리 과정에서도 당연히 힘이 필요하다. 그날 고기반찬이 나오면 큰 솥에서 고기를 볶아내야 하는데, 80kg이 넘는 고기를 솥에서 볶는 과정에서도 상당한 힘과 기술이 필요했다.

혜진이 김치 간을 보고 양념을 추가하고 있길래 내가 삽을 들고 김치를 저어주었다. 삽질을 할 때도 요령이 있는데 한 손은 삽의 손잡이를 잡고 밀어주고, 다른 한 손은 삽과 삽의 대가 연결된 부분(끝부분)을 잡고 밀어준 방향 반대로 끌어주며 저어야 내용물도 잘 섞이

고 힘이 들지 않는다. 혜진은 이제 물기가 생겨서 김치를 젓기 편할
것이라고 이야기해주었다. 물기가 생긴 상태여도 김치를 볶는 데
힘이 안 드는 건 아니다. 김치가 거의 80kg이기 때문에 삽을 밀 때
나 당길 때도 힘을 주어 당겨야 한다. (관찰일지, 2022.07.18.)

이후 다 볶아낸 고기를 대략 4~6개의 바트에 나누어 담는
다. 최소 약 15kg에 달하는 바트 여러 개를 온장고에 넣다 빼
는 일도 쉬운 일은 아니다. 이때도 허리나 손목에 무리가 많이
가게 된다. 최근 급식 노동자들의 육체노동을 줄이기 위해 조
리 기구나 세척 기계가 최신화되고 있다고는 하지만 여전히
노동자들은 고중량의 재료와 집기를 사용하며 힘든 육체노동
을 하고 있다.

따라서 학교 급식 노동자가 가장 많이 노출되어 있는 질
병은 근골격계질환이다. 근골격계질환이란 반복적인 동작, 부
적절한 작업 자세, 무리한 힘의 사용 등의 요인에 의해 발생
하는 것으로 목, 어깨, 허리, 팔, 다리의 신경이나 근육, 그 주
변 신체 조직 등에 나타나는 질환 등을 말한다(산업안전보건기
준에 관한 규칙 제656조). 불안정한 자세로 반복적인 일을 하는
것, 무거운 중량을 다루어야 해 무리하게 힘을 사용하는 것 등
이 급식 노동자들의 근골격계질환을 유발하는 가장 큰 요소이
다. 무거운 중량을 다루는 작업이나 다량의 재료를 빠르게 칼

질하는 등의 반복적인 작업과 쭈그려 앉는 식의 불안정한 자세로 진행되는 청소 등은 급식 노동자의 근골격계질환의 발생 가능성을 높인다. 실제로 학교 급식 노동자들의 근골격계질환은 타업종에 비해 높다. 노동강도가 높다고 알려진 업종 가운데 선박 제조업종의 근골격계질환 발생률은 70~80%에 달하는 데 비해 급식노동자들의 근골격계질환 발생 비율은 95.8%로 매우 높은 수준이다(이윤근·허승무·한인임·박지혜, 2012).

또 학교 급식은 수시로 뜨거운 불 앞에서 조리를 하는데, 이 과정에서 조리흄(fume)[*]을 비롯한 유독 물질이 발생한다. 조리흄은 폐에 들어가 염증을 일으키며 폐암의 원인이 되기도 한다.[**]

근골격계질환, 폐암 등과 같은 질병 이외에도 노동자들은 부상에 대한 위험을 일상적으로 마주하고 있다. 학교 조리 과정에서 발생하는 큰 소음에 노출되어 나타나는 난청, 고열 및 세척제 노출로 인한 화상이나 피부염이 그들이 일상적으로 마주하고 있는 질병들이다(이윤근·허승무·한인임·박지혜, 2012).

---

[*] 뜨거운 고열로 음식을 조리할 때 나오는 유해물질. 주로 튀김, 볶음 등을 할 때 발생하며 최근 급식 노동자들의 폐암 발병의 원인으로 지목되었다.

[**] 윤현서, "조리사 폐암 산재 올해만 14명, 급식실내 발암물질 조리흄 노출", KBS(2021.12.01.)

그 뒤로도 계속 치킨을 튀겼는데, 그 과정에서 온도계가 솥 안의 기름으로 빠졌고 기름이 튀었다. 다행히 혜진이나 나에게 튀지 않았는데 튀었으면 얼굴에 화상을 입었을 것이다. (관찰일지, 2022.07.20.)

미경은 솥을 청소하기 시작했다. 나에게 파란색 앞치마로 갈아입으라고 했다. 미경은 자신이 솥을 닦을 테니 솥의 옆 벽을 트리오(주방세제)로 닦아달라고 했다. 나는 솥 옆에 고기를 볶으면서 튄 양념을 비눗물로 닦았다. 미경이 나에게 약품이 담긴 비눗물이니 눈이나 얼굴에 튀지 않도록 조심하라고 했지만 마스크 이외에 아무 보호 장비는 없었다. 비눗물로 다 닦은 뒤에 호스로 물을 뿌려 비눗물을 닦아냈는데 호스의 수압이 세서 물이 다 튀었다. 미경이 벽에 가까이 대고 물을 쏴야 물이 튀지 않는다고 알려주었다. (관찰일지, 2022.07.11.)

특히 청결을 위해 사용하는 세제, 소독약은 잘못 살에 튀었다간 화상을 입을 정도로 독하지만 급식 노동자들의 안전 장비는 앞치마와 고무장갑, 장화가 전부이다. 미경은 몇 년 전 조리실 솥 위의 덕트(환기 시설 중 하나)를 '오븐클리너'라는 청소 세제로 닦다가 화상을 입었다고 했다. 덕트는 조리실 솥 위 천장에 달려 있어 솥뚜껑을 닫고 그 위에 올라가 닦아야 했는데 그 과정에서 소독약이 팔을 타고 흘러 화상을 입은 것이다. 화상은 매우 심했고 병원에서는 피부 이식까지 권유했다고 했다.

또 요리 재료를 다지거나 자르는 절단기에 손을 다치는 경우도 많고, 매일 청소하는 하수구는 그 깊이가 성인 키 절반에 해당할 정도로 깊어 하수구에 발을 잘못 디뎠다간 그대로 빠져 골절이나 상해를 입을 위험이 크다. 현주는 인터뷰에서 자신의 지인인 다른 학교 급식 노동자가 하수구 청소를 하다가 골절된 사례를 들려주었다.

그래서 실수로 일하다가도 다친 사람들 많아요. 저기 ○○초등학교 다니는 언니도 하수구에 빠져가지고 골절됐다더라고요. [거기 깊은데요?] 네. 거기서 빠져서 골절돼서 전치 6주 나와서 (…) 그러니까 내 부주의로… 이렇게 하수구 (덮개를) 들었는데 그거를 모르고 다니다가 다친 경우 많아요. 물건이 뚝 떨어져 있거나, 아니면 높은 데 올라가가지고 뭐 닦다가 떨어져서 다치는 사람이… 그런 사람들 많거든요. 그니까 위험한… 위험 요소는 있어요. 우리가 일하면 항상 칼 들고 일하고 불 앞에서 일하고 뜨거운 데서 일하는 (…) [근데 그분은 산재 받으셨어요?] 아니 안 받고 치료만 하고 있나 봐요. 그리고 또 그 언니도 뭐 하다가 뜨거운 물에 이렇게 데였다 하더라고요. 팔에… 팔에 이만큼 데여서… 팔토시처럼 이렇게 붙였더라고 밴드를. 그래서 언니 왜 그래요? 그러니까 데였다고 그러더라고. 일하다 보면 데이는 사람 많아요. (현주와의 인터뷰 중)

현주를 인터뷰한 날은 내가 참여관찰을 하면서 조리(실무) 사들이 하수구 청소를 하는 모습을 보고 난 후였다. 하수구를 청소하기 위해 조리(실무)사들은 하수구의 무거운 스테인리스 트렌치(배수로)를 걷어내고 깊은 하수구 안으로 들어갔는데 이때 사다리와 같은 장치가 없어 조리(실무)사는 맨몸으로 하수구를 내려갔고, 청소를 마치고 올라왔다. 그러나 급식 노동자들은 이 같은 위험한 환경에서 노동하며 입은 부상이나 질병을 산재로 인정받기보다는 개인적으로 치료한다. 그리고 이 같은 부상, 질병을 치료할 때도 병가, 연차를 자유롭게 사용하지 못했다. 병가로 인해 쉬게 되는 경우 자신을 대체할 인력을 구해야 하지만 사실상 인력을 구하기 어렵기 때문에 휴가를 사용하지 못한다는 이유가 조사에서 가장 많이 응답되었다(학교비정규직노동조합, 2019).

학교비정규직노동조합에서 실시한 「2019년 학교급식실 안전보건실태조사」에 따르면 학교 급식실 노동자들이 업무 중 입은 질병을 자가 치료하는 비율이 60~70%였고, 산업재해로 처리하는 비율은 10% 미만이었다. 급식 노동자들은 지속적으로 산재 신청에 대한 안내는 받고 있지만 어디까지 산재로 인정되는지 알지 못하고, 산재 신청 절차도 잘 알지 못하기 때문에 업무 중 일어나는 질병이 산재로 연결되는 비율이 낮았다.

한편, 이들의 산재 신청은 학교 측에 의해 가로막히기도 한다. 앞에서 청소 중 화상을 입은 미경의 경우 영양교사에게 산재 신청을 이야기하였지만 영양교사가 산재 신청이 학교에 불리하게 작용할 것이라고 이야기했다고 한다. 사실상 미경의 산재 인정은 거부되었고 화상에 들어간 치료비를 본인이 부담하였다. 산재에 대한 교육의 부재, 산재에 대한 조직의 잘못된 인식, 부족한 인력으로 인하여 다쳐도 쉴 수 없는 환경이 노동자들의 산재 신청을 가로막고 있었으며, 노동자들이 아파도 쉴 수 없게 만들고 있었다(정진주·김형렬·임준·정최경희, 2011:163-168).

학교 급식 일은 위에서 언급한 것처럼 힘들고 또 위험한 일이다. 그러나 이들의 힘들고 위험한 노동은 잘 드러나지 않는다. '위험하고 힘이 많이 드는 일'은 남성의 일이라고 인식되기 때문이다. 여성은 힘이 약하기 때문에 정밀한 작업에 적합하고, 남성은 힘을 많이 쓰고 위험한 일에 적합하다는 성별 고정관념은 일터에도 적용되어 성별 직종 분리를 일으키고 이는 곧 이는 여성의 힘(力)든 노동을 비가시화한다(정경아, 1992:72). 정경아는 여성 미화원들의 노동이 죽음에 이를 정도로 위험하지만 미화원의 일이 재해와는 전혀 상관없이 여겨지는 맥락에는 청소라는 업무가 집안일과 비슷하며 위험하지 않다는 통념 때문이라고 지적하였다. 이 같은 고정관념은 가뜩이나 열악한 여성들의 노동 조건을 더 열악하게 만들기도 한다.

정경아의 연구를 계속 예로 들어보자. 그는 건물 청소 미화원(대부분 여성)이 청소 업무를 하며 생긴 상처나 통증은 산재로 인정되지 않고 이에 대한 관리자 측의 예방이나 대책도 마련되지 않음을 언급하며, 이는 '여성의 일은 위험하지 않다'라는 인식이 크게 작용한 결과로 실제 현장의 업무나 상황을 고려하지 않기 때문에 여성들이 청소를 하며 얻게 되는 통증이나 질병은 산재로 고려조차 되지 않는다고 분석하였다(정경아, 2000:85). 학교 급식 또한 가사 노동의 연장선인 집안일로 인식되고 있는 가운데, 가사 노동과 같은 여성이 주로 수행해왔던 일은 힘이 필요하거나 위험한 일과는 거리가 멀다고 여겨져 여성들의 힘들고 위험한 노동이 보이지 않게 된다.

이는 곧 이들이 일하며 얻은 질병이 산재로 인정되지 못하는 것에 영향을 끼친다. 한국에서 산업재해를 인정받고 보험 혜택을 받은 비율은 남성에 비해 여성이 절대적으로 낮게 나타난다. 정진주·김형렬·임준·정최경희(2011)의 연구에 의하면 노동자가 노동하며 부상과 질병을 얻거나 또는 사망하였을 때 국가가 노동자에게 지급하는 산업보상보험이 여성보다

는 남성에게 더 많이 주어지고 있고, 여성의 산재보험 신청률
이 남성에 비해 낮게 나타나 여성들이 산재보험에서 배제되고
있음을 주장한다.

여성들은 왜 산재 신청을 하지 않는 것일까? 일하다 다쳐
도 산업재해가 적용되지 않는 가사, 돌봄 직종에서 일하는 경
우가 많고, 산재와 관련된 연구나 정책 설계가 남성 집중 직종
인 건설업의 중대재해발생 업종을 중심으로 이루어져 있어 여
성들이 주로 속한 서비스업의 산재 관련 논의는 우선순위에서
밀려나기 때문이다.* 산업재해, 직업병과 같은 문제는 지금까
지 대부분 남성 노동자의 문제로만 여겨져 왔다. 따라서 노동
자의 노동환경에 대한 정책이나 개선이 남성 중심 직종으로만
이루어져 여성의 노동 환경과 제반 시설에 대한 개선은 한계
를 가질 수밖에 없는 것이다(박홍주, 2005).

이처럼 힘들고 위험한 일에 대한 성별화는 여성들이 실제
로 경험하고 있는 힘들고 위험한 일을 비가시화하는 결과를
가져오게 되며 이는 노동자들의 노동 환경을 더욱더 열악하게
만든다. 급식 노동자의 폐암이 산업재해로 인정받은 것은 비
교적 최근이다. 학교 급식 노조가 끊임없이 안전하지 못한 업

---

* 최윤아, "건설업은 위험, 돌봄은 안전?… 성별 편견에 가려진 여성 산재", 한겨
레(2021.07.13.)

무 환경에 대해 폭로하고 이에 대한 개선을 요구해왔지만 이
같은 사회적인 관심은 학교 급식 노동자들이 잇달아 폐암으
로 숨진 사건을 계기로 비교적 최근에야 이루어졌다. 여성들
의 육체노동이 비가시화되어 왔기 때문에 이에 대한 작업 환
경 개선이나 서비스업의 산재에 대한 논의가 이루어지지 않았
고, 이에 여성들은 일을 하며 얻은 질병을 산업재해로 인식하
지 못해 질병 등을 본인 부담으로 치료하며 일을 지속해왔던
것이다(이윤근, 허승무, 한인임, 박지혜, 2012).

4장

여전히 열악한 노동 환경

일할 사람이 없다

초기 학교 급식 일자리의 고용과 노동 조건은 매우 불안 정했다. 초기에 이들의 고용은 정규직보다는 일용직 채용이 많았고 임금도 매우 낮았다(이명규, 2003). 학교 내 교원이나 정규직 교직원들과는 다르게 학교 급식 노동자에 대한 임용 및 인력 관리에 관한 규정은 불분명했다. 이들의 고용, 인력 관리는 개별 학교장에게 맡겨져왔고, 정부나 지자체 재정의 축소나 학생 수가 감소하는 등의 변수가 발생할 경우 언제든지 해고될 수 있었다. 그리고 임금도 월 100만 원 내외의 저임금에 속했다. 2012년 기준 5인 이상 사업장의 노동자 1인당 평균 임금이 월 227만 원인 데 비해 이들의 임금은 그 절반에도 미치지 못하였다. 뿐만 아니라 정규직 교직원과 교원들이 호봉제인 것에 비해 급식 노동자를 포함한 학교 비정규직은 근무년수가 늘어나도 임금이 고정되어 있었으며 정규직 교(직)원들이 받는 수당 지급에서도 제외되어왔다(이윤재, 2012).

급식 노동자를 포함한 학교 비정규직의 고용과 근로조건에 관한 문제는 학교 비정규직 노조의 결성과 비정규직 문제에 대한 정부의 정책 등으로 인해 변화하게 된다. 정규직과 동일한 수준은 아니었지만 근속 수당을 포함한 각종 상여금이 지급되기 시작했고, 많은 학교 비정규직 노동자들이 정부의 '공공부문 비정규직 정규직화' 정책으로 인하여 '무기계약직'으로 전환되었으며 명칭 또한 학교 비정규직, 학교 회계직에서 '교육공무직'으로 변화하였다(조돈문·정흥준·남우근·김철, 2018; 황도연, 2020). 또 노조는 학교 급식 노동자에게 지급되지 않았던 각종 수당을 지급될 수 있게 하여 그들의 낮은 기본급을 보완할 수 있도록 하였다. 여전히 정규직 교직원들이 받는 수당과는 차이가 있지만 이들에게 근속수당, 위험수당, 자녀수당을 지급하여 노동자들의 낮은 임금을 일부 보완할 수 있게 하였다.

그러나 이러한 변화에도 여전히 이들의 고용이나 노동 조건은 여전히 열악하다. 학교 급식 노동자들은 노조가 결성된 이후 꾸준히 급식 인원당 인력 배치 기준을 하향할 것을 요구했고, 방학 중 비근무로 분류되어 상시 근무와는 다르게 급여가 지급되지 않는 점, 열악한 휴게실 개선 등을 요구했지만 아직 해결되지 않고 있다. 최근에 학교 급식 노동자들이 폐암으로 사망해 산재 인정을 받아 이를 계기로 학교 급식 노동자들의 건강과 안전에 대한 문제가 주목을 받기 시작했다. 이후 급식실 내 환기 시설 개선 가이드라인이 발표되는 등 급식실 노동 환경 개선을 위한 논의와 방안들이 생겨나고 있기는 하지만 앞으로 더 많은 논의와 개선이 필요하다.

가장 시급한 문제 중 하나는 급식 인원당 배치 기준 하향이다. 배치 기준이란 학교의 급식 인원수(밥을 먹는 인원)에 따라 급식실 내 조리실무사가 배정되는 수에 대한 기준이다. 배치 기준은 초, 중, 고등학교 등 학교의 종류에 따라 다르지만, 2022년 기준 대략 급식 인원 130~150명당 1명 수준이다(학교 급식노동자의 건강과 안전을 위한 대안 모색 토론회, 2021). 학교 급식 노동자들을 포함해 학교 급식실 안전 관련 연구 등에서는 조리실무사 1명이 감당해야 하는 급식 인원수가 너무 많음을 지속적으로 문제제기해왔다. 1인당 급식 인원이 120명인 경우 신체적, 정신적 삶의 질이 저하될 위험이 있기 때문에(최민 외, 2012), 학교 급식 노동자들은 급식 인원수에 따른 노동력 배치 기준을 1:120 이하로 낮출 것을 지속해서 요구해왔다(학교 급식 조리 노동자 건강실태 및 작업환경 개선 토론회, 2012).

높은 배치 기준은 현재 급식 노동자들에게 둘러싸인 많은 문제의 원인이 된다. 부족한 인력은 업무 과중을 불러일으키고, 강도 높은 노동은 결국 노동자들의 안전과 건강 문제로 직결된다. 단시간 내 대용량의 음식을 하려다 보면 정신없이 움직여야 한다. 그런데 인력조차 모자라면 학교 급식 노동자가 감당해야 하는 노동의 강도도 높아지는 것이다.

예를 들어 교육부에서 발간한 「학교 급식실 산업안전보건 매뉴얼」 등에서는 무거운 물건은 2인 1조 작업이나 여러 사람이 나누어 작업을 수행하도록 되어 있으나, 실제 현장에서는 이루어지기 어렵다. 내가 일을 했던 급식실 또한 10kg의 밥통도 두 명이 나누어 들어야 했지만, 일손이 부족했기 때문에 급식 노동자 혼자 들어 날랐다. 다들 각자의 작업이 바쁘고, 촌각을 다투는 일이기에 다른 동료에게 도와달라고 말하기도 어려울 뿐 아니라, 빠르게 이 작업을 끝내고 또 다른 작업으로 들어가야 하므로 현장에서 2인 1조 작업은 잘 이루어지지 못한다.

"당연히 한 20kg은… 15~20kg은 되는 거 같아 다. 거의. 음식을 담아도. 응. 근데 그게 2인 1조이면 괜찮은데, 인원이 급식 인원에 비례해서 직원을 채워주기 때문에 지금 교직원까지 해서 한 470명인가? 그런데 4명이서 해요. 그러니까 2인 1조로 일을 할 수가 없어." (혜진과의 인터뷰 중)

적은 인력으로 강도 높은 노동을 매일 수행하는 노동자들은 자신의 노동력을 재생산해내기 어렵다. 풀리지 않고 몸에 축적된 피로와 긴장, 쌓이고 쌓인 무리함은 노동자의 몸을 아프고, 저리고, 쑤시게 한다. 그러나 힘들고 아파도 노동자들은 마음 놓고 쉴 수도 없는 상황이다. 설령 한 명이 몸이 좋지 않아 연차 등을 사용해 빠지게 되면 자신의 몫까지 남은 동료들이 해내야 하므로 그 '미안함'에 연차를 낼 수도 없다. 또 피치 못할 사정으로 연차를 낸다고 하여도 대체인력을 구하는 것은 온전히 노동자의 몫이다. 자신이 연차를 써야 하는 날이 있으면 노동자들은 주변 지인이나, 노조 네이버밴드에 구인 글을 올려 직접 대체인력을 구해야지만 연차를 쓰고 쉴 수 있다.

"사람이 없으면 (인력을) 학교에서 구해주는 게 아니라 엄마들이 알아서 구해야 돼. 그리고 병가도 잘… 얘기하기도 미안해. 만약에 여덟 명이서 일하는데 일이 강도가 세잖아. 한 명 빠지면 힘들잖아. 그럼 또 눈치보고. 내가 아파서 쉬고 싶어도 못 쉬는 거야. 그래서 사람 하나 구해달라고 하면 우리보고 알아서 구하래. 그런 경우 대부분 우리가 알아서 구하는 경우가 많아. 학교에서 구해주는 건 없어."
(미영과의 인터뷰 중)

"또 다른 사람이 오면 대체로 일을 제대로 잘 모르잖아요. 그러다 보면 같이 일하는 동료들한테는 좀 힘들까 봐. 서로서로 힘들까 봐

그걸 생각해가지고 될 수 있으면 큰 병이 아니면 다 나와서 움직이고 같이 일하려고." (현주와의 인터뷰 중)

사실상 보조 인력을 구한다고 하더라도, 숙련된 사람을 구하지 않는 이상 대체인력이 숙련된 급식 노동자 한 명을 대체하기는 어렵다. 그 상황을 알기에 급식 노동자들은 더더욱 쉴 수 없는 것이다. 혜진은 인터뷰에서 동료인 미경이 일을 하며 다리를 다쳐 병가를 냈지만 자신의 부재로 인해 혜진을 비롯한 다른 동료들이 힘들까 봐 병가를 다 사용하지 않고 돌아왔다며 안타까워했다.

"그니까 언니는 내가 또 힘들면 신우신염 재발 위험이 있고 그런 걸 너무 또 아니까 미안해가지고 못 쉬는 거야. 나는 진짜 방학이 얼마 안 남았었으니까 그때. 겨울방학이 진짜 얼마 안 남았었어. 12월달, 진짜 18~20일 그거만 언니가 더 쉬었으면 좋겠는데. 산재 신청하고 (휴가) 좀 받으면서. 근데 못하더라고. 결국에는 다시 한 달만에 나오고…." (혜진과의 인터뷰 중)

학교 급식실 내의 인력 부족이라는 만성적인 구조적 문제가 노동자들의 업무를 가중시키고, 이에 노동자들의 부상, 질병에 노출될 가능성은 올라간다. 노동자들은 쉬어야 하는 상황에도 동료에 대한 미안함, 죄책감으로 쉬지 못해 이 같은 상황이 계속 악순환되고 있다. 이처럼 인력 부족으로부터 파생되고 있는 많은 문제들, 급식 노동자 한 명에게 쏠리는 과중한 업무강도, 근골격계를 포함한 질병들, 아프고 힘들어도 쉴 수 없어 노동력 재생산이 어려운 현실들이 노동자들을 힘들게 하고 있다. 거기에 낮은 임금수준은 점점 더 급식 노동자들을 급식실에서 버틸 수 없게 만들고, 사람들로 하여금 급식 일을 기피하게 만들고 있다. 갈수록 급식 노동자의 중도 퇴사율은 높아지고, 신규 노동자의 유입은 점점 줄고 있다.

안전하게 일할 권리는 어디에

강도 높은 업무, 그와 상반되는 낮은 임금, 부족한 일손과 더불어 중요한 문제 중 하나는 급식실의 위험한 작업 환경이다. 급식실은 기본적으로 불을 다루는 곳이기 때문에 조리실 내 온도는 30에서 40도를 웃돈다. 한쪽에서는 국을 계속 끓이고, 취사기에서는 밥을 한다. 나머지 솥에서 주찬이나 부찬이 뜨겁게 볶거나 튀겨지면 급식실 내 온도는 금방 높아진다. 그 찜통 같은 조리실 안에서 무거운 것을 들고 나르고, 대용량의 음식을 조리하기 위해 온몸을 쓰다 보면 옷은 어느새 땀으로 젖어 있다. 조리뿐만 아니라 세척, 배식을 할 때도 더운 건 마찬가지이다. 뜨거운 물로 세척해야 하고, 따듯한 음식을 학생들에게 빠르게 배식하기 위해서 바쁘게 움직이다 보면 땀이 마를 새가 없다. 조리실, 식당 등에 에어컨이 있지만 뜨거운 열기를 내리기에는 역부족이다. 급식실

이 너무 덥다고 이야기한 나에게 혜진은 그나마 이 정도는
나은 것이라고, 자신이 처음 급식실에 출근했을 때를 떠올리
며 지금보다 훨씬 더 열악했던 급식실 근무 환경을 이야기해
주었다.

"에어컨이 없더라고. 갔는데 에어컨이 한 대? 한 대인가 있는데 거
기 온도가 40도야 40도. 체감온도는 당연히 더 높겠지? 근데 거기
서 일을 하래. 아무렇지 않게. 아무도 신경도 안 쓰고. 그래가지고
보면서(웃음) 이건 미친 짓이라고 생각했지. 근무 환경 너무 안 좋
다." (혜진과의 인터뷰)

에어컨을 모두 가동해도 30~40도를 웃도는 더운 곳에서,
계속 끓이고, 볶고, 찌는 조리 작업을 하는 경우 열사병과 같
은 온열질환이 발생할 수 있다. 또한 조리를 하며 발생하는 유
해물질(조리흄, 일산화탄소 등)에 매일 노출된다. 더울 수밖에 없
고, 또 조리흄과 같은 발암물질이 발생하는 급식실이기 때문
에 환기 시설이 잘 구비되어 있어야 함에도 현실은 그렇지 않
다. 최근에야 조리실 내 환기 시설 문제가 대두되어 관련 매뉴
얼 등이 만들어지고, 환기 시설 정비가 이루어지고 있다고는
하나 여전히 미비한 실정이다.

이뿐만 아니라 화상의 위험도 크다. 뜨거운 기름이 튀어

입는 화상부터, 뜨거운 물에 데이는 화상까지. 아울러 독한 세척용 약품 등에 노출되어 화상을 입기도 한다.

동료들을 따라 한 지역 급식노조 조합원 모임에 갔을 때의 일이다. 해당 지역의 지부장이 안전과 관련된 이야기를 해주었다. 그는 노조원들에게 최근 화상을 입은 안타까운 사례를 소개하며, 우리는 매일 칼이나 채소절단기 등을 사용하기 때문에 손이 베이거나 심하게는 절단기에 손이 끼이는 사고가 나기도 하고, 무거운 것을 들거나 밀면서 손이나 다리에 화상을 입기 쉬우니 안전에 주의하자고 강조했다. 급식실 가운데는 뜨거운 물을 바닥에 끼얹어 소독하는 곳이 종종 있는데, 이때 바닥에 앉아 작업하는 동료를 보지 못한 채 뜨거운 물을 끼얹어 동료가 화상을 입은 경우가 있었다고 한다. 그러면서 지부장은 뜨거운 물에 집기를 넣고 10분을 소독하는 게 열탕소독이므로, 뜨거운 물을 뿌리는 일을 자제하여 다치지 말고 일하자고 했다. 인터뷰를 한 미영도 이 사례처럼 뜨거운 물을 써서 작업한다고 이야기했다.

"소독(하고) 다 삶고. 국통은 또 다 삶고. 이게 막 뜨거운 물로 국통을 또 삶아요. 그냥 그 식기 그 세척기에 넣으면 되는데 그 선생은 또… 선생마다 다 틀리니까. 보통은 다 삶으라고 해. 팔팔 끓는 데다가 다 삶아. 그 담에 이런 다른 기구 있잖아? 수저통 그런 거. 뜨거운 물로 끼얹으라 그래. 그것도 위험하지. 그렇게 시킨다니까?”

(미영과의 인터뷰 중)

또 많은 양의 재료를 썰고 다듬기 위해 빠르게 칼질을 하다 보면 허리나 어깨, 손목에 무리가 오기도 한다. 아울러 쭈그려 앉고, 허리를 숙이는 등 불안정한 자세로 청소 등의 일을 하는 것 또한 일상이기 때문에 급식 노동자들은 근골격계질환을 달고 산다.

3

우리를 더 힘들게 하는 것

학교 급식 일은 체력적으로도 힘들고 위험한 일이다. 안 그래도 힘든 급식 일의 강도를 높이는 요인들이 있다. 복잡한 메뉴 구성, 많은 반찬 가짓수 등이다. 학교 급식 메뉴는 영양, 선호도 등을 전반적으로 고려하여 구성되는데, 이를 만들고 배식하는 노동자의 입장은 배제되고 있다. 물론 선호도나 영양 등이 우선되어야 하지만, 메뉴의 복잡함, 사용하는 조리 기구 등도 같이 고려되어야 한다. 그래야만 한정된 시간 안에 한정된 인력으로 많은 양의 음식을 완성할 수 있는 것이다.

복잡한 메뉴가 몰려 있는 날에는 그 메뉴를 담당한 한 명이 조리 과정을 다 소화해낼 수 없으므로 여러 명의 조리(실무)사가 같이 작업을 진행해야 한다. 예를 들어 재료 손질 과정부터 음식이 완성되기까지의 작업을 다 손으로 해야 하는 '수제 메뉴'*가 있는 날에는 대부분의 급식실 인력이 이 작업에 투입되어야 한다. 또 비빔밥처럼 하나의 메뉴이지만 손이 많이 가는 메뉴도 있다. 비빔밥에 들어가는 5~6가지의 나물과 양념장을 만들어야 하며, 이를 밥과 미리 섞어 놔야 하므로 평소보다 밥도 일찍 지어놓아야 한다. 이렇게 손이 많이 가는 메뉴가 포함되어 있는 날에는 다른 찬들이 비교적 간단한 것으로 조정되기도 하지만 그렇지 않은 경우도 있다. 다른 메뉴들도 동시에 복잡하게 구성될 수도 있다.

급식실 근무 2일 차, 업무를 마치고 집에 가려는데 미경과 혜진이 내일은 메뉴가 바쁜 날이라 보조 인력인 나와 선경, 수진에게 평소 출근 시간보다 일찍 나와 조리 일을 도와줄 수 있냐며 부탁을 해왔다. 나와 선경, 수진은 기존 출근 시간보다 약 한 시간 일찍 출근할 수밖에 없었다. 대신 일찍 퇴근하도록 사전에 조정했으나 결국 일이 많아 일찍 퇴근할 수 없었다. 그날 메뉴는 수제 메뉴인 지파이, 볶음밥, 마라탕, 김치, 빼빼로, 팥빙수였다. 이날 메뉴는 학생들의 투표를 통해 이들이 먹고 싶은 메뉴로 구성되었다고 했다.

---

* '수제 메뉴'는 보통 돈가스, 커틀릿, 탕수육과 같이 재료 손질, 반죽 입히기, 튀기기 등 처음부터 조리하는 메뉴를 말한다. 이와 반대 개념으로는 '완제'가 있는데 완제의 경우는 반조리된 냉동식품으로 조리(실무)사들이 별도의 조리 과정을 거치지 않고 바로 튀기거나 오븐에 가열하면 되는 메뉴이다.

나를 포함한 도우미들은 조리(실무)사들이 미리 얼려놓은 200ml 우유 약 500개에 팥과 미숫가루, 후루츠 칵테일을 올려 다시 냉장고에 넣어놓는 작업을 하였고, 이후에는 지파이 약 500개를 시즈닝 가루에 묻혀 종이 포장지에 담는 작업을 배식 전까지 다 같이 하였다. 나와 선경, 수진이 오기 전에 조리(실무)사들은 지파이를 튀기고, 볶음밥과 마라탕, 팥빙수를 만들기 위해 우유를 얼려놓는 등 매우 바빴을 것이다. 나를 포함한 도우미 3명은 애초에 조리 업무를 담당하지 않으므로 이 같은 메뉴 구성은 조리(실무)사 4명에게만 배정된 업무이다. 그렇다면 애초에 조리(실무)사 4명이 만들어낼 수 있도록 메뉴의 복잡함 등이 고려되어야 했지만, 사실상 고려되지 않은 것이다. 급식 조리(실무)사들의 업무 강도에 직접적인 영향을 주는 메뉴 구성은 '먹는 사람'의 기호에만 맞춰 구성되고 있었으며, 이 과정에서 노동자는 고려되고 있지 않았다.

노동자뿐만 아니라 급식실 내 조리 환경도 고려되지 않을 때도 많다. 메뉴가 복잡한 날에는 조리실 내의 사용 가능한 솥이 부족한 경우가 발생하기도 한다. 솥은 음식 재료를 가열하여 조리할 수 있는 기구로, 메인 메뉴인 주찬이 대부분 솥에서 조리되기 때문에 급식실 내에서 가장 중요한 기구 중 하나이다. 솥이 부족하다는 말의 의미는 곧 다른 메뉴가 조리되지 못하고 있다는 의미이며, 메뉴가 조리실 내 기구 사용까지 고려되어 구성되지 않았다는 의미이다.

"요즘은… 아니 어느 날부터 언제부터인가 (반찬) 가짓수가 엄청 많아졌어요. 뭐 선생님들도 나름 생각해서 메뉴를 짜겠지만 어떤 날은 솥단지를 쓸 수가 없어. 거의. 초등학교, 중학교도 마찬가지지만 (급식실마다) 한 네 개 정도는 되거든요? 그 솥을 다 써도… 빨리 쓰고 얘를 비워줘야 다음에 여기 들어갈 정도… 그런 메뉴를 해놓을 때는 너무 복잡하고 힘들지." (연주와의 인터뷰 중)

또 반찬의 가짓수가 많은 날에는 한 명의 조리(실무)사가 2개에서 많게는 3개까지 음식을 배식하게 되기도 한다. 내가 근무했던 학교에서도 급식을 배식하는 인원이 약 12명 정도 되었지만(급식 노동자 7명과 학생 배식 도우미 포함) 항상 일손이 모자랐기 때문에 두 가지 음식을 동시에 배식하는 일이 많았다. 인터뷰에서 학교 급식 노동자들은 이전보다 반찬의 가짓수가 다양해지면서 노동 강도가 더 높아졌음을 실감한다고 털어놓았다. 특히 무상급식이 실시되면서 급식에 대한 평가가 진행되어 학교마다 경쟁 구도가 형성되고, 이는 곧 급식 반찬의 가짓수의 증가로 이어져 결국 학교 급식 노동자의 노동 강도를 높이는 결과를 초래했다(조혁진·김윤영·이태정·최인이, 2020).

"처음에 입사했을 때만 해도 진짜 메뉴 단출했거든요. 국 하면 정해져 있어. 월요일 된장, 화요일 콩나물, 수요일 소고깃국 아니면은 카레, 짜장 뭐 이런 거. 이렇게 한 달 메뉴가 거의 정해져 있었어. 오늘은 닭고기 나온 날, 그다음 날은 돼지고기볶음 뭐 갈비찜 이런 식으로 소고기, 닭고기, 돼지고기, 오리고기 돌아가면서. 거의 한 달 메뉴가 단순해. 주찬은 주찬하는 사람만 힘들면 돼. 튀김하는 사람? 오늘 돈가스 하는 사람만 힘들어. 그러면 됐어. 과일도 일주일 내내 이렇게 5일 동안 안 나갔었거든요. 사실 2010년 이후 넘어가면서부터 아마 그렇게. (…) 언제부터인가 정말 주찬이 두 개가 된 거 같아." (연주와의 인터뷰 중)

연주는 20년간 학교 급식을 책임진 조리사로 현재는 초등학교에서 근무하고 있다. 그는 자신이 근무를 처음 시작했을 때와 비교해서 급식 메뉴가 많이 복잡해졌다고 이야기했다. 연주는 이전에 밥, 국, 주찬, 부찬, 김치로 메뉴가 구성되었지만 요즘에는 부찬도 주찬의 수준에 맞추어 나간다고 했다. 인터뷰에서 언급한 것처럼 튀김 같은 메뉴는 이전에 주찬으로 구분되었지만, 요즘에는 부찬으로도 튀김이 나온다. 그녀가 얘기한 것처럼 언제부터인가 주찬이 두 개가 되어버렸다. 또 주찬, 부찬, 밥, 국, 김치, 후식 등 돌아가면서 메뉴를 담당하는 경우 예전에는 주찬을 맡은 사람이 좀 힘들면 그다음 날은 비교적 수월한 메뉴를 맡으며 업무 강도를 조절할 수 있었는데, 지금은 모든 메뉴가 복잡하고 힘들다 보니 다 같이 매일 힘들 수밖에 없다.

그뿐만 아니라 TV나 SNS에서 인기 있는 메뉴도 소화해내야 한다. 은정은 로제 떡볶이, 길거리 토스트같이 학생들에게 인기 있는 메뉴가 급식에 나온다고 이야기했다. 새로운 메뉴가 나오면 이에 대한 레시피도 정확하게 기술되어 있지 않기도 해 부담감은 배가된다. 설령 레시피가 기술되어 있다고 하더라도 레시피와 실제 대량 조리와는 차이가 있을 수밖에 없기 때문에 신메뉴는 늘 해보면서 수정을 거듭해야 한다.

은정은 인터뷰 중 메뉴에 '길거리 토스트'가 나왔을 때를 이야기해 주었다. 영양교사는 급식실 내 커다란 전판에 빵, 계란 등을 굽도록 레시피를 짰지만, 실제로 그렇게 진행했을 경우 급식이 제시간에 나갈 수 없다는 것을 알았고 결국 은정은 계란을 오븐에 넣어 조리하는 방식으로 변경하여 메뉴를 만들었다고 한다. 또 길거리 토스트 같은 경우 포장까지 해야 하므로 평소보다 더 업무가 가중되었다고 한다.

이처럼 메뉴는 조리(실무)사들의 노동강도를 결정하는 직접적인 요소 중 하나이지만 급식실 인력, 조리실 상황 등을 고려하지 않고 구성되는 경우가 많고, 어떻게든 음식은 제시간에 조리되어 배식이 되어야 하기에 급식 노동자들의 업무는 과중될 수밖에 없다.

> "메뉴가 또 복잡해. 메뉴가… 우리 선생님이 메뉴를 수제를 고집해요. 거의 많이. 그러다 보니까 수제는 손이 많이 가거든. 그러니까 (일손이) 남는 사람이 없어. 그러다 보니까 그냥 자연스럽게 혼자… 그래서 언니들도 다 허리 아프고 목 디스크 다 있을 거고." (혜진과의 인터뷰 중)

> "일하는 사람 입장도 좀 생각해서 메뉴도 좀 짜줬으면 좋겠다는… 일하는 현장에서는 '바람'이지. 본인들도 그 메뉴가 얼마만큼 복잡하고 힘들다는 건 알잖아. 어떤 과정으로 어떻게 해서 이게 하나의 음식이 나오는지를 아는데… 그런 것도 좀 힘들고." (연주와의 인터뷰 중)

또 코로나19와 같은 환경적 변화도 노동자의 업무 과중에 영향을 미쳤다. 미경과 정희는 인터뷰에서 2021년에 코로나19의 영향으로 인하여 학생들이 최대한 분산될 수 있도록 배식을 두 번(11시 20분, 12시 20분)에 나누어서 진행하게 되어 매우 힘들었다고 하였다. 배식의 횟수가 늘어났지만 여기에 대한 인력은 추가되지 않았고, 오히려 기존에 학생들이 배식 도우미로 내려오던 제도조차 코로나19 확산 방지를 이유로 중단되어 배식 인력이 절대적으로 부족했기 때문에 두 개의 배식대로 나누어 진행하던 배식을 한 개로 축소하여 진행했다. 코로나19 감염과 확산을 방지하기 위한 조치였지만 이 과정에서도 학생들의 안전만이 고려되었으며, 노동자들의 입장은 전혀 고려되지 않았던 것이다.

이처럼 노동자들은 자신의 작업량에 대한 통제가 결여되어 있었다. 노동자들의 작업량에 대한 통제권은 전적으로 영양교사, 교장 같은 관리자에게 존재했다. 자신의 노동에 대한 통제권이나 결정권의 부재는 노동 강도를 더욱더 가중시키는 결과를 낳는다. 애초에 인력 추가 없이 노동자 한 명이 감수해야 할 노동 강도가 더 높아지기 때문에 이는 곧 부상이나 질병을 야기하기도 한다. 또한 이처럼 높은 강도의 업무를 노동자들이 차질 없이 수행해내도 이에 대한 인정이나 보상은 존재하지 않는다. 애초에 급식 노동자들의 업무에 대한 평가 체계가 존재하지 않기 때문에 이에 대한 인정이나, 보상 또한 존재하지 않는 것이다.

그럼에도 우리는 일한다

1
아무나 할 수 없는 일

앞서 살펴보았듯 학교 급식 노동은 가사 노동의 연장선상에서 이해되면서 '여자라면 누구나 할 수 있는 일'로 여겨지고, 이로 인해 학교 급식 노동자들의 노동 또한 숙련으로 인정되지 못하고 있다. 그러나 사회에 만연한 평가절하 속에서도 학교 급식 노동자들은 자신들의 일을 가사 노동과 분리하면서 학교 급식을 숙련된 노하우나 지식이 필요한 '아무나 할 수 없는 일'로 의미를 구성하고 있었다. 이 같은 의미 구성은 학교 급식 노동자들이 자신들의 일에 자부심을 가지게 만들었다.

내가 근무했던 급식실의 조리사였던 미경은 인터뷰에서 자신이 일을 처음 시작했을 때, 자신의 일에 대한 의미 구성에 어려움을 겪었음을 이야기해주었다. 그도 처음에는 급식 일에 대해 자부심을 가지고 있기보다는 '학교 급식 일은 주부들이 단순히 돈 벌려고 하는 일'과 같이 평가절하된 인식을 그대로 내면화했었다. 그러나 막상 일을 해보니 가사 노동과는 또 다른 일이며, 균형 잡힌 식사를 학생들에게 제공한다는 점에서 자부심이 생겼다고 했다.

"예전에는… 그냥 무조건 돈만 이렇게… 돈 벌려고 나오는 주부들이라고 해야 하나? 좀 내가 생각해도 그렇게… 나도 처음에는 거기 일 갈 때 그랬거든. 근데 이 일을 하다 보니까 아이들한테 이렇게 양질의… 솔직히 집에서도 음식을 그렇게 못 해주거든. 아침 안 먹은 애들이 많대. 보면 많아. 집에서 안 해주고. 그렇게 보면 아이들한테 칼로리 따지고 영양 따지면서 먹일 수 있는, 먹게 해주는 그런 자부심? 나도 그래서 처음보다 많이 이게 좀 자부심이 생기더라고. 그리고 나는 애들… 뭐 누가 이렇게 얘기하면, '저 학교에서 애들 밥 해줘요.' 당당히 얘기해."

"대량. 그래서 요리 프로 보고 그러면 뭐 요리 잘한다고 하는 사람들은 하나잖아. 양이 작고 한 명을 위한 건데 우리는 작게는 100~200명이고 많게는 2,000~3,000명까지 해야 된단 말이야? 그럼 요리 재료가 얼마나 들어가야 하는지 그거를 나만이 터득해야 돼. 그래서 처음에는 되게 힘들었어. 그래서 요리할 때 요리 끝나고 나서 집에 와서 레시피에다가 돼지고기는 뭐 30kg면 고춧가루가 얼마 들어가고 마늘 얼마 들어가고를 적어놨어. 근데 지금은 적지 않고도 '아 이 양이면 간장이 얼마 들어가고…'가 내 머릿속에 있는 거야. 그럴 때 자부심이 생기지. 아무리 훌륭한 요리사가 와도 우리 일을 할 수 없다는 그런 자부심?" (미경과의 인터뷰 중)

미경은 학교 급식 일을 하면서 점차 자신의 일에 의미를 구성한다. 미경은 학교 급식을 학생들에게 '양질의 음식을 제공하는' 일로 의미를 구성하고, 학교 급식이 대용량의 음식을 만드는 일이기 때문에 '아무나 할 수 없는 일'로 의미를 구성하면서 일에 대한 자부심을 갖게 된다. 이와 같은 의미 구성은 자신의 노동에 대한 자부심으로 연결된다. 미경이 갖게 된 자부심은 자신의 직업을 누군가에게 당당하게 이야기할 수 있게 만들기도 했다. 학교 급식 노동에 대한 평가절하가 만연한 가운데 자신의 직업을 밝히는 것은 어려운 일이다. 특히 자신의 가족들이 자신의 일을 받아들이지 못하는 상황은 노동자들에게 큰 상처를 남기기도 한다. 그러나 급식 노동자들은 이 같은 평가절하에 침체되어 있기보다 '아무나 할 수 없는 일'로 자신들의 일을 재평가하고, 이를 바탕으로 일에 대한 자부심을 형성한다. 이 자부심은 자신의 직업을 '당당하게' 말할 수 있는 노동자로 스스로를 변화할 수 있게 만든다.

또 자부심은 노동자들이 사회적 편견이나 부당함에 대응할 수 있는 밑바탕이 되기도 한다. 나의 근무 첫날, 근로계약서를 작성하기 위해 행정실에 갔었을 때의 일을 앞 장에서 언급했다. 이때 혜진이 나와 같이 행정실을 가주었는데, '집에서 밥을 해봤기에 자신도 급식실에서 일을 잘할 수 있을 것'이라는 행정실 직원에게 혜진은 '우리는 프로페셔널'이라며 자신의 전문성을 바탕으로 대응하였다. 또 인터뷰에 참여한 지영은 자신을 포함한 급식 노동자들에게 반말을 하며 무례하게 대하는 영양교사에게 자신의 전문성, 자부심을 바탕으로 대응하기도 한다.

"근데 나는 한 번도 아직까지 샘이 원하는 대로 안 나간 적 없고 못해준 적 없다. 어떤 요리를 잡아놔도 우리는 그 시간에 해주지 않냐. 근데 우리가 뭘 잘못한 것도 아닌데 우리한테 그런 식으로 대하면 우리도 곱게는 못 간다. 이런 식으로 저는 요구를 하거든요. (…) 난 그게 마음에 안 들어. (…) 자기가 하는 거 우리도 인정해주고, 자기네도 우리가 그 많은 양을 그 짧은 시간에 (…) 3시간이잖아요? 길어봤자. 그게 대단한 거지. (…) 우리도 그거를 바꿔 가려면 우리도 또 목소리 높여야 되고. 그래서 저는 맨날 제가 싸워요. 오시는 분마다. 좋게 해주시는 분 없으니까." (지영과의 인터뷰)

지영은 급식 노동자들이 단시간 내 대용량의 음식을 매번 문제없이 소화해내고 있다는 것에 자부심을 가지고 있었다.

사회에 만연한 '여성이라면 누구나 할 수 있는 일'과 같은 통념에 대해 노동자들은 학교 급식의 특성과 자신들의 전문성을 바탕으로 '아무나 할 수 없는 일'로 의미를 구성하며 자신의 일에 대해 자부심을 갖는다. 이 같은 자부심은 노동자들을 당당하게 만들 수 있는 밑바탕이 되며 사회적 평가절하와 차별에 대응할 수 있게 만들고 있었다.

2
혼자서는 할 수 없는 일

학교 급식 노동은 매우 강도 높은 노동이다. 학교 급식은 약 4시간 내에 최소 약 500명 많게는 약 1,000명분의 음식을 조리해내야 하는 강도 높은 노동이지만 이를 턱없이 부족한 인력으로 수행하고 있다 보니 업무 강도는 더욱더 가중될 수밖에 없다. 이 같은 악조건에서 노동자들은 서로서로 도와주는 협력 문화를 만들어내어 이를 통해 높은 노동 강도를 상쇄하고자 한다. 학교 급식은 노동강도가 높지만, 인력이 부족하기 때문에 급식 노동자 간의 협력은 매우 중요한 요소가 된다. 내가 근무했던 급식실에는 네 명의 조리(실무)사가 매일 주찬, 부찬, 국, 밥/김치/후식을 한 명씩 맡아가며 일을 하고 있었지만, 동시에 다른 사람을 도와주며 일하고 있었다.

조리실은 항상 바쁘다. 4명의 조리원들이 하나의 메뉴를 각각 담당하고는 있지만 한 명이 하나의 요리만을 하기보다는 자신의 요리를 하면서, 시간이 잠깐 남을 때는 다른 사람의 메뉴에 들어가는 재료를 만들어주는 식으로 일을 거들어준다. 또 경력이 오래된 미경이나 혜진의 경우 다른 조리원들이 작업을 하면서 언제 손이 비는지 파악하고 있기 때문에, 그때마다 손이 비는 조리원에게 누구의 어떤 작업을 도와주라고 이야기해준다. 전처리 과정부터 조리를 하는 7시 20분부터 11시 50분까지 조리원들은 한 번도 휴식시간을 가져본 적이 없다. 자신의 손이 잠시 비면 누군가를 도와주어야 하기 때문이다. (관찰일지, 2022.07.14.)

이처럼 각자 담당한 메뉴가 있다고 하여 자신의 업무만을 할 수는 없는 구조이므로 조리(실무)사들은 틈틈이 짬을 내어서 동료들의 일을 도와주어야 한다. 모든 메뉴가 배식 전까지 완료되어야 하기 때문이다. 급식은 개별 메뉴가 각각 완성되었다고 해서 완성이라 볼 수 없고, 그날의 메뉴가 다 완성되고 배식될 수 있어야 비로소 완성되는 것이다. 인터뷰에 참여한 급식 노동자들은 모두 하나같이 급식은 혼자서는 일을 할 수 없으며, 서로 도우며 일을 해야 한다고 강조했다. 뿐만 아니라 급식 노동 과정 중 발생할 수 있는 사고나 실수를 미연에 방지하기 위해서도 급식 노동자들은 협력해야 한다. 요리는 동일한 레시피를 바탕으로 해도 만드는 사람에 따라 결과물이 달라질 수 있고, 그날의 재료나 조리 기구 등의 상태에 따라 결과물이 달라질 수 있는 변수가 많은 일이다. 게다가 노동 과정 중 실수로 음식을 망쳤다고 하여 그 음식을 다시 만들거나, 혹은 다른 요리로 대체할 수 없다. 요리에 필요한 재료는 당일 적량만이 배송되며 또한 사용하고 재료가 남았어도 식중독을 예방하기 위해 폐기하여야 하기 때문에 남는 재료가 많지 않다. 그렇기 때문에 급식 노동은 사고나 실수가 발생하면 안 되는 일이고, 설령 실수가 발생했어도 반드시 수습되어야 하기에 급식 노동자들은 급식실 내에서 긴밀히 소통하고 서로의 음식을 수시로 검식하며 실수나 사고를 예방한다.

"'이렇게 해도 돼요?' 이렇게 와서 물어보면 저도 '이건 아닌 것 같아요.' 저도 선생님한테 '선생님 우리 이거는 이렇게 나왔는데 이렇게 해도 될까요.' 그러면 '네~' 이러면 서로 말이 없잖아요(말이 안 생기잖아요). 근데 나 혼자 그냥 무심결에 그냥 (혼자 판단해서) '이렇게 했어요.' 이렇게 하면 대책이 없잖아요. 선생님도 모르고 나도 모르고 다른 분들도. 그분만 해놨으니까. 근데 (음식이) 잘 나왔을 때는 괜찮은데, 이상하게 나오면 거의 800명 가까이 되는 애들이 먹었는데 '맛이 있어요, 없어요' 막 이런 소리를 할 수가 있으니까. 그래서 우리 학교는 그런 식으로 해요. 항상 서로 물어보고 조금 의심 가는 거 있으면 다시 한번 보고, 아닌 것 같으면 와서 서로 물어

봐서 이렇게 상의해서 하자….” (영희와의 인터뷰 중)

　이 같은 협력은 학교 급식 노동에 있어서 매우 중요하기 때문에 급식 노동자들의 암묵적인 윤리적 기준이 되기도 한다. 정신없이 돌아가는 급식실 안에서 다른 사람의 업무를 ‘도와주는 것’은 인력이 부족한 상황에서 가장 필요하고 중요한 요소 중 하나이며 급식 조리(실무)사들이 말한 대로 서로 돕지 않으면 급식실은 돌아가지 않기 때문이다.

“오늘 쟤가 맡은 일이 되게 바쁘고 일이 엄청 많은 일이야. 근데 내가 맡았던 일은 오늘 되게 한가하고 여유가 있는 날이야. 근데 이제 우리처럼 옛날에 했던 사람들은 (…) 쟤가 일이 바쁘면은 막 가가지고 같이 해주거든. 힘드니까 같이 해주고 서로 도와가면서 일을 하거든. 그런데 요즘 애들은 안 그래. 내 일이 아니면 안 해. 그러니까 저쪽에 일이 아무리 바쁘고 막 그래도 저건 내 일이 아니기 때문에 내 일만 하면 끝이야. 서로 간에 이렇게 도움 그런 게 없고 그냥 니 일 내 일이 딱 정해져 있어요.” (은영과의 인터뷰 중)

　은영과의 인터뷰에서 알 수 있듯이 서로 ‘도와주는 것’은 급식실 내 윤리적 기준이 되고 있었으며, 이 같은 협력을 실천하지 않는 사람은 비난의 대상이 되기도 한다. 급식실 내에서는 자신의 일이 끝나면 쉬기보다는 다른 사람의 일을 도와주면서 손에서 일을 놓지 않아야 한다. 영미와의 인터뷰에서 내가 급식실에서 일을 할 때 무엇을 할지 몰라 가만히 있었다고 이야기하자 영미는 그래서는 안 되고, 다른 동료들에게 찾아가 무엇을 도와줄지 물어보아야 한다고 얘기했다. 이렇게 높은 노동 강도와 이를 더 가중시키는 부족한 인력이라는 조건 속에서 학교 급식 노동자들은 협력 문화를 만들어내어 급식 노동을 혼자서는 할 수 없는 일로 구성하고 있었다.

또한 급식실은 업무량이 많은 반면 인력은 부족하기 때문에 누군가에게 도움을 청한다는 것은 곧 자신 때문에 다른 동료의 일이 가중되는 것이라 여겼다. 그렇기 때문에 특히 신입 급식 노동자들은 쉽게 동료에게 도와달라고 요청하지 못하거나 자신이 경력자처럼 알아서 일을 하지 못하는 것에 대한 미안함을 느끼고 있었다.

"그니까는 시키기 전에 내가 알아서 이렇게 딱딱 해주고 그런게 있어야 되는데 나는 그걸 모르잖아요. 요리 이거 들어가면 여기는 이렇게 썰어야 되고 이렇게 되고… 그게 다 다르니까 그런 거를 이제 캐치를 딱 해줘야 되는데, 그게 안 되다 보니까 이제 미안한 거지. 저번 같은 경우에도 다들 바쁘니까 물어보기가 미안스러운 거야. 나는 빨리 이거 간도 봐야 되고 하는데 내가 완벽하게 못하니까. 나

미안한데 이거 한 번만 봐주면 안 돼? 그 얘기가 나오더라고. 그러니까 미안스러워서….” (자현과의 인터뷰 중)

자현은 나와 같이 입사한 조리실무사로 학교 급식 경력이 약 5개월 정도 되었다. 가장 힘든 일이 무엇인지 질문하니 위와 같이 대답하였다. 아직 경력이 얼마 되지 않았으므로 물어보거나 도움을 청하는 것은 당연하다는 것을 이해하면서도 바쁘고 정신없는 분위기에 자신이 무엇을 물어보거나 도와달라고 이야기하는 것이 짐이 된다고 생각하기 때문에 미안함을 느끼게 된다.

뿐만 아니라 노동자들은 이와 같은 협력이 필요한 급식 노동에서 자신이 협력하지 못하게 되었을 때도 죄책감을 느끼고 있었다. 학교 급식실은 인력 부족과 이에 따른 강도 높은 노동을 소수의 급식 노동자들이 수행하고 있어 노동자 한 명당 부담하는 업무량이 많은 상태이다. 이 같은 업무의 과중은 노동자들의 부상이나 질병 등에 노출시킬 가능성을 높인다. 이에 학교 급식실 노동자의 부상, 질병에 관한 선행연구들은 급식 노동자들이 업무의 시작 전과 중간에 스트레칭, 충분한 휴식과 치료을 권장하고 있지만(세종특별자치시교육청 교육정책연구소, 2017), 인력의 보충이 없는 상태에서 학교 급식 노동자들은 연차, 병가와 같은 휴가는커녕 업무 중간에 화장실을 갈 시

간조차 확보하지 못한다. 학교 급식 노동자들은 자신이 휴가
나 병가를 내야 할 경우 자신의 업무가 동료들에게 가중될 것
을 먼저 고려한다. 앞서 다뤘듯 자신의 업무를 동료가 대신해
야 한다는 미안함은 급식 노동자들이 아파도 쉴 수 없게 만드
는 가장 큰 이유 중 하나다.

이처럼 학교 급식 노동자들은 높은 노동 강도를 조금이라
도 상쇄하기 위해 협력적인 분위기를 조성하고 있었고, 학교
급식 일 또한 '혼자서는 할 수 없는 일'로 구성하고 있었다. 한
편으로 협력은 조직 내 암묵적인 윤리적 기준으로 작용하면서
노동자들은 자신들의 부재를 곧 '동료의 업무과중'으로 연결
지어 쉬어야 하는 상황에도 쉬지 못하며 일하고 있기도 했다.

경력은 곧 나의 전문성

학교 급식은 노동 집약적이라는 특징을 보인다. 이는 노동자가 부재할 경우 일이 진행되기 어렵다는 말로 바꾸어 말할 수 있다. 학교 급식이 진행되기 위해서는 노동자가 가진 숙련, 업무 관련 지식, 노하우 등의 역량이 필수적이며 이는 노동자의 '높은 경력'으로 치환된다. 경력은 학교 급식 노동에 있어 중요한 의미로 구성된다. 우선 경력은 초보자와 경력자의 임금의 차이를 나누는 기준이 된다. 학교 급식 노동자의 임금구조*가 모두 동일한 기본급에 각종 수당이 차등적으로 붙어 개

---

* 학교 급식 노동자의 임금구조는 기본급에 각종 수당이 적용되는 구조이다. 서울특별시교육청의 「2022년도 학교급식 기본방향」에 따르면 조리사와 조리원의 기본급은 월 약 180만 원으로 동일하며 여기에 위험근무수당, 식비, 근속수당, 가족수당 등이 별도로 지급된다. 근속수당의 경우 입사 1년 이후부터 1년당 39,000원으로 지급되며 최대로 21년까지 지급 가능하다(서울특별시교육청, 2022). 그러나 월급제라고 하여 매달 동일한 월급이 지급되는 것은 아니다. 조

인마다 차이가 나는 형태이므로 10년 차인 경력자나 1년 차인 경력자 모두 기본급은 동일하다. 다만 기본급에 추가적으로 근무연수에 따라 차등 지급되는 근속 수당이 있어 경력자와 초보자의 임금 차이가 발생한다.

경력은 이처럼 임금의 차이를 나누는 기준을 넘어 '전문성, 직위'로 이해되고 있었다. 급식실 내에서는 승진이 거의 존재하지 않고 직위가 상대적으로 단순하다. 급식실 내의 직위는 영양교사 > 조리사 > 조리실무사 > 조리보조원 순으로 구분되고 있고 영양교사가 조리사와 조리실무사에게 업무 지시를 하며 이를 다시 업무 현장에서 조리사가 총괄한다. 한편 영양교사와 조리(실무)사 사이에는 명확한 위계 및 업무의 구분이 있지만, 조리사와 조리실무사 간의 위계는 상대적으로 수평적인 경우가 많고 조리실무사 간에도 직위의 구분은 없다.* 이 같은 상황에서 조리실무사들은 경력을 직위의 개념

리(실무)사의 경우 근로형태가 방학 중 비근무로 분류되어 근무를 하지 않는 방학에는 월급이 지급되지 않고 방학이 끼어 있는 달에는 근무일수만을 급여에 산정한다.

* 급식실 내의 직위는 영양교사(1명), 조리사(1명), 조리실무사(다수), 조리보조원(다수) 순으로 나뉘며, 직위 내에서의 이동은 상당히 드물게 이루어진다. 영양교사가 되기 위해서는 관련 학위를 소지하고 자격증을 취득해야 하기 때문에 조리(실무)사에서 영양교사가 되는 일은 매우 드물다. 반면 조리실무사에서 조리사가 되는 일은 종종 발생한다. 만약 조리사가 공석이 된 경우 급식실 내부에 조리사 면허증을 소지한 조리실무사가 조리사로 직위가 변경되기도 한다. 그러

으로 삼고 있었다. 이렇게 경력을 직위의 개념으로 삼을 수 있는 이유는 급식실 내부에서 경력이 전문성으로 이해되기 때문이다. 노동자의 경력에 따른 풍부한 경험과 지식은 급식실을 운영하는 데 필수적인 요소이다. 경력은 이처럼 승진 체계가 없는 급식실 내에서 직위로서 기능하고 있을 뿐만 아니라 전문성으로 이해되며 숙련의 정도를 구분하는 기준으로서 사용되고 있었다.

한편 학교 급식실 내에서는 조리사와 실무사 간의 위계는 뚜렷하지 않지만, 영양교사와 조리(실무)사 간의 위계는 뚜렷이 구분되고 있었다. 윤민재(2013)의 연구에서는 영양교사가 급식실 내에서 조리(실무)사의 노동 과정에 대한 전반적인 통제 및 인사권을 가지고 있고 이를 바탕으로 급식실 내에서 절대적인 권위를 가진 존재가 되고 있다고 하였다. 그리고 이와 같은 요인이 급식 조리(실무)사들에게 심리적인 스트레스로 작용하고 있음을 밝혔다(윤민재, 2013:174). 애초에 급식 노동자의 작업량, 작업 과정과 밀접하게 연관되어 있는 메뉴 구성 결정

나 현장에서는 조리사로 직위가 변경된 것을 승진으로 이해하기보다 '보상은 적으면서 책임질 일만 많이 떠안는 직무변경'으로서 이해되고 있었다. 조리사와 조리실무사의 업무 차이는 크지만 이에 대한 보상이 월 9만 원(2022년 기준)에 해당하는 조리사 면허 수당밖에 없으므로 승진으로서 인식되지 못하는 것이다.

권이 전적으로 영양교사에게 있기 때문에 영양교사와 조리(실무)사 간의 위계가 뚜렷해질 수밖에 없고, 영양교사의 권위가 부각될 수밖에 없다. 여기에 영양교사의 교원이라는 위치 등이 영향을 미치면서 이들 간의 위계의 구분이 선명해지게 되는 것이다.

"자기는 갑이야 영양교사는. 그런 게 되게 많아. 그러고 또 막 영양교사한테 밉보이면 안 되니까, 일 힘들게 시키고 해서. 그런 게 되게 많아가지고 자기들이 완전 갑인 줄 알아. 지금 근데 많이 지금 고쳐졌지. 지금은 뭐 갑질 신고 같은 것도 있고 하니까. 그전엔 없었잖아." (미경과의 인터뷰)

미영도 영양교사로 인한 스트레스를 호소하기도 했다. 미영의 사례처럼 조리(실무)사들의 작업 과정에 대한 영양교사의 높은 통제는 심리적인 압박과 업무의 강도를 높여 스트레스로 나타난다.

"또 영양교사가 나와 있다? [나와서 뭐 하는데요?] 시켜 설거지! 했던 거 헹구고, 세 번을 헹궈가지고 식기 그 건조기에다가 넣는다니까. 얼마나 힘들겠냐. (…) 나와서 지키고 서 있다니까? [잘 하는지 안 하는지…] 응! 여러 번 헹구는지 안 헹구는지. (…) 또… 선생마다 다 틀리니까. 보통은 다 삶으라고 해. 팔팔 끓는 데다가 다 삶아. 그담에 기구를 이런 다른 기구 있잖아 수저통 그런 거 뜨거운 물로 끼얹으라 그래. 그것도 위험하지. 그렇게 시킨다니까?" (미영과의 인터뷰 중)

학교 급식 노동에 관한 선행 연구들은 급식실 내 영양교사와 조리(실무)사 간의 업무 위계가 뚜렷하기 때문에 영양교사의 업무 지시에 따라 움직여야 한다고 밝혀 왔다. 그렇기 때문에 조리(실무)사 개인이 알고 있는 레시피를 활용하는 등의 개입이 어려우며 조리(실무)사들의 숙련 형성이 어려울 수밖에 없다고 하였다(조혁진·김윤영·이태정·최인이, 2020:48). 그러나 이같은 위계적인 관계가 매번 유지되고 있는 것은 아니다. 학교 급식 노동자들은 영양교사와의 위계적 관계를 오랜 경력으로, 체득한 지식과 노하우를 바탕으로 불분명하게 만들고 있기도 하였다. 영희는 자신의 높은 경력과 체현된 지식을 바탕으로 영양교사의 고유 권한인 레시피(작업지시서) 구성, 재료 발주에 대한 변경을 요구한다.

"그러니까 다 이제 자기들도 보니까… 나는 거기 처음 생길 때부터 있었으니까 그 사람들이 어떻게 하질 (못하는 거지)… 뭐 이거는 이렇게 해야 돼죠? 자기들이 와서 물어보죠. 그렇지 않으면 잘 모르니까. 아무것도 모르는데. 쌀 얼마큼 해야 되는데 만약에 막 90kg을 잡아놨어. 선생님 그거 구십을 하면 안 돼요. 예를 들어 뭐 60kg 정도만 하면 충분히 애들 다 먹어요. 내가 막 줄여요. 양념 막 시켜. 선생님 이거 고만 좀 시키고 (…) 이만큼 하라고.” (영희와의 인터뷰 중)

여기서 영희가 영양교사에게 재료 발주 양을 줄이라고 개입할 수 있었던 것은 ‘현재 근무하는 학교에서 영양교사보다 자신이 더 오래 근무했음’과 이를 통해 쌓을 수 있었던 ‘체현된 지식’, ‘자신의 숙련에 대한 자부심과 자신감’이며, 이를 바탕으로 영양교사가 발주한 주문서를 보고 수정을 요구한다. 실제로 인터뷰를 진행해본 결과 많은 경우 경력이 높은 조리(실무)사가 영양교사의 레시피 구성이나 재료의 발주 주문서를 수정하고 있었다. 급식실 안에서 영양교사가 절대적인 권위를 가지며 조리(실무)사 또한 영양교사의 권위를 인정하고 이를 수용하지만 한편으로 조리(실무)사들은 실무에 대한 풍부한 경험을 바탕으로 쌀을 얼마나 사용해야 잔반이 덜 남는지, 전교생이 먹을 양의 튀김을 하려면 실제로 얼마만큼의 튀김가루가 필요한지 등의 지식을 바탕으로 영양교사의 업무에 개입한다. 이처럼 급식 조리(실무)사 들은 자신들의 풍부한 실무 경험과 실무에 대한 지식에 가치를 부여하고 이를 바탕으로 영양교사와의 위계적 관계를 재구성하기도 한다. 또한 급식 조리

(실무)사들은 너무 복잡한 메뉴가 몰려 있는 경우 이에 대해 수정을 요구하기도 하는데, 이들은 이 같은 메뉴 구성이 전적으로 영양교사의 권한인 것을 알지만 더 나은 노동 조건을 형성하기 위해 목소리를 낸다.

"이제 근무 환경도, 메뉴도 너무 힘들고 어렵고 그러면 그런 것들도 조금 사람이 할 수 있는 능력 안에서 일을 해야지 할 수 있는데 그냥 던져놓고 '어 이거 해' 그러면 오늘 살다 죽을 거 아닌데, 내일도 일을 해야 하고 그다음 날도 일을 해야 하는데 오늘 (체력을) 다 쓰고 그럼 골병들고. 그러면은 학교는 손해가 없고 노동자들만 손핸데 그건 너무 불합리하다. 이런 메뉴는 못 한다고 조율을 하고 조정을 해서 바꿔줬으면 좋겠다. 이런 얘기도 계속하고는 있어. 지금도 하고 있어. 계속 어필을 하긴 하는데 (영양교사) 자기가 가지고 있는 그런 프라이드가 있어서 그런지… 그거는 영양교사 권한인데 그걸 우리가 터치하는 거니까. 막 많은 수정을 해주지는 않는데 그래도 들어주긴 하더라고." (혜진과의 인터뷰 중)

나도 일을 하면서 이 같은 상황을 목격했다. 조리(실무)사와 영양교사가 하루 업무를 시작하기 전 메뉴에 대한 설명·논의 등을 하는 아침 조회 시간에 영양교사가 다음 달 메뉴에 수제 탕수육을 넣었다고 얘기했다. 그러자 조리(실무)사들이 실제로 수제 탕수육을 했을 때 모양도 예쁘지 않고, 업무만 과중된다며 수정을 요구했고, 영양교사는 그날의 다른 메뉴를 손이 덜 가는 것으로 조정하겠다고 이야기하였다. 이때에도 경력이 높았던 조리(실무)사들을 중심으로 수정이 요구되었다.

이처럼 경력은 급식실 내에서 다양한 의미로 구성되고 있었다. 경력은 직위가 따로 없는 급식실 내에서 직위의 개념, 전문성, 실력으로 이해되고 있었다. 뿐만 아니라 경력이 높은 조리(실무)사들은 자신들의 높은 경력, 그와 함께 쌓인 노하우와 지식을 바탕으로 영양교사의 업무에 개입할 수 있었으며, 이를 바탕으로 자신들의 노동 조건을 개선하려 하고 있었다.

기꺼이, 돌봄으로 학교 급식을
확장하기

돌봄노동의 가장 큰 특징은 돌봄을 제공하는 노동자와 돌봄을 제공받는 수혜자 간의 유대 관계가 두드러진다는 것이다. 돌봄 노동자들은 자신이 행하는 노동을 '딸, 며느리, 어머니의 일'로 위치시키는 등 유사 가족의 위치에서 돌봄노동을 수행하기도 하며 이는 돌봄노동자가 자신의 노동의 의미를 구성하는 데 영향을 미친다. 그리고 힘겨운 노동을 참고 이겨낼 수 있도록 하는 중요한 요인이 되기도 한다. 한편으로 이 유대 관계가 돌봄노동자의 업무를 과중시키거나 때로는 노동자를 위험에 처하게 하기도 한다(박홍주, 2009; 권수현, 2013). 박홍주(2009)의 요양보호사, 가사노동자에 관한 연구를 보면 돌봄노동자와 수혜자 간의 관계가 '딸-엄마', '며느리-시어머니' 등과 같이 가족처럼 친밀한 관계로 보일 때가 있으며, 이는 돌봄 노동자들의 업무를 과중시키기도 하지만 한편으로 자신의 고된 노동을 견디는 요인으로 영향을 미친다고 설명한 바 있다. 급식 노동도 이와 같은 특성을 보이고 있었는데, 내가 만난 조리(실무)사들도 자신과 학생의 관계를 '부모-자녀' 관계로 위치시키는 경우가 많았고, 학생들을 자기 자식(아들, 딸)처럼 부르는 경우도 있었다.

> "저는 그냥 아들 아들 해요. 그러면서 뭐 할 때 '아들 똑바로 봐, 아들 (옷에 묻은 거) 털어, 아들 (친구) 때리지 마. 아들!' 이런 식으로 그냥 저는 그냥 편하게 하는 식인데." (지영과의 인터뷰 중)

> "[아까 제가 못 여쭤봤는데 혹시 학생들은 어떻게 부르세요? 그냥 학생이라고?] 저는 딸이라고 부르고 아들이라고 그러고 이름 아는 애들은 이름 불러서." (연주와의 인터뷰 중)

급식실에서 근무하며 인상 깊었던 점 중 하나는, 조리(실무)사들이 학생들을 매우 아낀다는 사실이었다. 이는 특히 그들이 학생들을 만나는 시간인 배식시간에 두드러지게 나타났다. 하루는 미경이 치킨까스를 배식한 적이 있었다. 치킨까스와 소스를 같이 배식해 주어야 했는데, 미경은 치킨까스 소스를 어떻게 줄지 학생들에게 일일이 물어보며 배식하고 있었다.

미경이 치킨까스를 소스에 찍어 배식하였는데, 학생들에게 일일이 소스를 어떻게 줄지 물어보았다. 학생들에게 "소스 찍어줄까? 소스 안 찍을 사람 미리 말해요"라고 이야기했다. 학생들은 미경의 물음에 소스를 많이 찍어달라던지, 조금만 달라던지, 소스를 안 찍겠다고 말하며 취향대로 배식을 받아 갔다. 더 달라고 하는 학생에게는 "이따 오세요, 이따가 더 줄게"라고 다정한 말투로 학생을 달래서 배식을 보냈다. (관찰일지, 2022.07.20.)

그는 배식 내내 학생들을 아들, 딸이라 부르면서 맛있게 먹으라고 인사하고, 음식이 뜨거워 학생들이 데일까 봐 매번 학생들에게 조심하라고 일러주었다. 약 20분 동안 500명 가까이 배식하는 정신없는 상황에서 학생들에게 인사를 건네거나 말을 거는 것은 업무를 가중시키는 요소이다. 급식 노동자들은 단순히 배식만을 진행하는 것이 아니라 전체적인 배식의 진행을 파악해야 하고, 배식의 진행상태에 맞춰 음식의 양을 알맞게 조절해야 하기 때문에 미경이나 다른 조리(실무)사들이 하는 학생에게 인사하기, (뜨거운 것으로부터) 학생 조심시키기, 기호에 맞추어 배식하기 등의 일은 노동자의 업무를 가중시키는 요소이다. 그들의 이런 행동은 학생들에게 가지고 있는 애정에서부터 비롯된다. 학생에 대한 애정은 급식의 범위를 넘어서 학생들의 학교생활에 대한 관심까지 확장된다.

지영은 인터뷰에서 학교에서 소위 태도가 불량한 학생들에게 일부러 이름을 불러주어 그들을 챙기거나, 조금 더 다정하게 대한다고 했다. 혹은 학생이 다른 학생을 괴롭히는 상황에 개입해 괴롭힘을 중단시킨 일도 있었다고 했다. 이 같은 내용은 급식 조리(실무)사들의 업무가 아니다. 급식 노동자들 또한 학생을 향한 애정이 추가적인 업무를 발생시키는 것을 인지하고 있지만 이들은 기꺼이 학생들에 대한 애정을 바탕으로 위의 일들을 수행한다. 학생과 자신을 단순히 조리(실무)사와 학생과의 관계로만 생각하지 않고 학생을 급식 노동자들이 '가르치고 배워야 하는, 사랑을 주고 돌봐야 하는 관계'로 인식하고 있었다.

"그니까 질이 나쁜 건 알겠지만 걔도 좋았던 애지 않을까? 남한테는 귀한 아들일 거고. (…) '너 또 왜 팔을 다쳤어' 그러면 걔가 그렇게 인상이 더럽고 뭐 해도 '아 어제 누구랑 뭐 하다 다쳤어요'. '조심해. 옷을 또 왜 그렇게 입어. 좀 따뜻하게 입어' 이런 식으로도 해주는 편이고. 그냥 일단 내 새끼처럼만 생각하면 된다고 생각해요, 저는. 그냥 내 아들, 내 자식처럼만 생각해라." (지영과의 인터뷰 중)

"하나라도 더 주고, 더 예뻐해 주고, 혼도 내고, 집에서도 안 가르치는 예절을 가르치고. '말 예쁘게 해, 누가 어른한테 그렇게 말해' 막

(웃음)… 신경 안 써도 되는 것들이잖아. 한 번 보고 말 건데 그날 그 냥 짧은 20분, 받아 가는 거는 한 5분도 안 걸릴 거니까. 걔가 받아 가면 그만인 거지 솔직히. 근데 다들 애들한테 사랑이 있어서. 그런 것들에 대한 보람이 있어. 그게 좋아 너무. 그런 것들을 또 좋아해주는… 또 그런 것들에서 애들 얼굴이 밝아지는 것들도 많이 목격했고.” (혜진과의 인터뷰 중)

급식 노동자들이 보여주는 학생에 대한 애정, 자기 자식처럼 학생을 여기는 모습은 이들에게 추가적인 업무를 발생시키지만 동시에 고된 노동을 이겨낼 수 있는 요소로 작용하기도 한다. 혜진은 인터뷰에서 학생들에 대한 애정이 없다면 이 일을 지속하기 어려울 것 같다고 이야기하였다. 학생에 대한 애정을 바탕으로 노동을 수행하고 이를 통해 학생들이 변화하는 모습을 볼 때 가장 보람차다며 이러한 경험들이 자신이 일을 지속할 수 있는 ‘원동력’이 된다고 밝혔다. 은영도 힘든 일을 잊게 해주는 요소로서 학생들에 대한 애정을 꼽았다.

“다들 애들 이뻐하고. 그래서 참 즐거워. 그거 없으면은 못할 거 같 아. 애들 안 예쁘면 이 일은 솔직히 힘들어서 못 하지. 꼴통 같고 못 되게 하는 애들도 있어서 걔네들 보면 하기 싫잖아. 근데 그거 말고 아이들을 이뻐하는 마음이 훨씬 크다 보니까 음, 좋아. 되게 보람도

되고 또 자식 같고." (혜진과의 인터뷰 중)

"하나라도 더 주려고 그러면 몇 발자국은 더 걸어가야 될 거 아니야. 안 주면은 가만히 서 있으면 될 거 아니야. 그러니까 몸적으로 더 힘든 거지 [근데도 더 챙겨 주고 싶은 마음이 막] 그럼~ 그런 거. 이제 그런 거 할 때는 힘이 안 들지. 그리고 이렇게 애들 뭐 하고 막 그럴 때는 힘이 하나도 안 들어. [애들 음식 주고 막 이렇게 하실 때요?] 어. 그런데 이제 그때는 힘이 안 드는데 일이 딱 끝나고 나면 그때는 맥이 없지. 일이 딱 끝나고 나면 그때부터는 아무것도 못 하지. 한참 동안은 힘들어서 있어." (은영과의 인터뷰 중)

학교 급식 노동자들이 보여주는 사랑에 대한 학생들의 행동은 대부분 감사 인사로 표현된다. 드물게 방과 후나 졸업 후에 급식실에 찾아와서 인사를 건네는 경우도 있지만 대부분은 점심시간에 배식을 받으며 건네는 짧은 감사나 맛있다는 인사, 혹은 급식실 외부에서 만났을 때 건네는 인사가 전부이다. 학교 급식 노동자들은 자기 자식과 학생들을 동일시하며 학생들의 짧은 인사, 밥을 잘 먹는 모습에 뿌듯함과 보람을 느끼고 학생들에게 더 많은 것을 해주려고 노력한다. 학생들의 짧은 감사 인사이지만 그 인사는 급식 노동자들이 자신의 노동을 의미 있게 구성할 수 있게 하는 요소가 된다.

"이제 그럴 때는 애들이 '조리사님 저 너무 맛있어요. 최고예요.' 막 이러면서 '힘드시죠' 이러면서… 그렇게 하고 또 선생님들도 오셔서 너무 고생하신다고, 수고하신다고 이럴 때 진짜 뿌듯함을 느끼는 거죠. 맛있다고 해주고 고생하신다 그러고 수고하신다고 그러고. 이렇게 더우신데 이렇게 하신다. 그럴 때 진짜 보람을 느끼죠." (영희와의 인터뷰 중)

학교 급식 일자리는 사회적으로 저평가받는 일자리 중 하나이다. 이들의 노동은 여성이라면 특별한 기술훈련 없이 할 수 있는 비숙련 직종으로 평가절하되고, 노동자들은 노동자로 이해되기보다 기혼 여성을 칭하는 호칭으로 불리며 부수적인 노동자로서 여겨져 왔다. 학교에서조차 이들을 대놓고 무시하기도 한다. 이 같은 차별적인 상황에서 급식 노동자들은 자신의 노동에 의미를 부여하거나 구성하는 데 어려움을 겪을 수밖에 없다. 그럼에도 급식 노동자들은 학생들과 관계를 구성해 급식을 단순히 '음식을 만들고 배식하는 일'이 아니라 돌봄으로서 의미구성하고 있었다. 학생들에게 애정을 주고 또 받으며 보람을 느끼고, 일을 의미 있게 구성하고 있었다.

동료와 연결되며 연대하기

　　기혼 여성 노동자에게 일은 경제적인 것 이상의 의미를 구성하게 된다. 여성들은 일을 삶의 일부로 여기며 다양한 노동의 의미를 구성한다. 여성들은 집 밖으로 나와 일을 하면서 사회 구성원으로 인정받고 일에 대한 성취감을 느끼는 동시에 동료들과 사회적 네트워킹을 형성하며 자신의 힘들고 고된 일을 재미있는 일로서 의미화한다(이재경·이은아·조주은, 2006; 김효정, 2009). 내가 만났던 대부분의 조리(실무)사들은 10년 이상 급식 일을 해오고 있었다. 여성들이 일을 선택하거나 지속할 수 있었던 이유는 경제적인 이유, 일과 가정을 병행하기 적합한 일자리, 방학 때 쉴 수 있다는 이유를 꼽았으나 위와 같은 이유 이외에 다른 의미로도 구성되고 있음을 알 수 있었다. 급식 노동자들은 급식 일을 '힘들지만 재밌는 일'로 인식하고 있었다. 급식 일을 재미있게 만드는 요소는 새로운 사람을 만날 수 있고, 동료들과 교류도 할 수 있는 사회적 네트워크 형성에 있었다.

"저는 근데 나가면 또 재밌어요. 나름대로 이렇게. 새로운 분이 있으면 또 그 사람들 알아가는 것도 있고. 예. 저는 가끔가다 다니면서 사람 또… 새로운 사람 만나면 그 사람을 또 알아가는 시간이 있잖아요. 그런 것도 재밌고. 저는 그런 게 [이제 직장에 나가서 새로운 사람 만나게 되고] 예. 그런 것도 재밌는 것 같아요." (영숙과의 인터뷰 중)

집이라는 공간이 고립의 장소로 인식되기도 하였는데, 영미는 경제적인 이유에서 급식 일을 시작했지만 동시에 경제적인 것 이상을 의미하고 있었다. 급식 일을 하며 힘들어하는 영미를 본 영미의 남편은 일을 그만두라고 하였지만 영미는 일을 계속 지속하겠다고 한다. 영미는 몸은 많이 힘들지만 한편으로 집에서 나와 동료들과 교류하고 소통할 수 있는 사회생활로서 급식 일이 좋았기 때문에 일을 지속하기로 결심했다. 결혼 이후 육아, 출산, 가사돌봄을 이유로 경력 단절을 겪은 여성들의 삶은 주로 '가족'을 중심으로 구성된다. 남편은 생계를 부양하고 여성은 가정을 책임진다는 이데올로기 속에서 여성들은 자신의 시간 대부분을 가족을 위해 사용한다(공선영,

1993; 이소진, 2019:43 재인용). 이후 여성들은 재취업을 하게 되고 일을 통해 얻는 임금, 집 밖으로 나가 동료들과 일하고 어울리며 유대 관계를 형성하는 것에 보다 의미를 부여하고 일을 지속한다. 이들은 이전에는 남편, 자녀를 중심으로 자신의 시간과 삶을 보내왔다면 일을 통해서는 노동자인 '나'로서 시간을 보낼 수 있게 된다(김효정, 2009; 이소진, 2019).

"근데 집에 들어앉아서 나 뭐 해? 그만두면 뭐 하고 있냐. 집에서 멍하니 우울증이나 생기지. 그래서 난 다닌다고 그랬어요. 집에서 뭐해. 그냥 멍하니 있는 것보다 나가서 한 푼이라도 버는 게 낫지 않냐. 그래서 그냥 나간다고 그랬지. 나가면은 언니들도 친하게 지내고, 가끔 힘들면 술 한 잔씩 하고. 그게 좋지. 그래서 그냥 나가는 거야."
(영미와의 인터뷰 중)

특히 학교 급식 노동자는 힘든 육체 노동을 함께하고, 수평적인 조직 분위기 속에서 서로 간의 깊은 이해가 가능하며(조혁진·김윤영·이태정·최인이, 2020), '중장년층, 유자녀, 기혼 여성'이라는 정체성을 공유하고 있기 때문에 자신과 비슷한 경험을 가진 사람들과의 만남을 통해 공통의 관심사와 공감대를 수월하게 형성하기도 한다. 이들은 자신의 개인사, 자녀 양육에 대한 고민부터 저녁 반찬거리까지 대화의 주제로 삼으며 대화를 나누었고 이를 바탕으로 동료애를 형성하고 있었다. 이는 혜진과의 인터뷰에서도 나타났다. 혜진은 급식 일을 하면서 힘든 일도 많이 있었지만 동료가 있었기에 버틸 수 있었다고 이야기한다.

"너무 좋아. 만약 이게 사람과 사람 간의 그런 유대만 쌓이면 직장에서의 일은 그래도… 물리적인 외압이나 신체적인 불편함, 힘들고 어려운 게 있어도 참아지고 지나가지는 거 같아. 성향이 또 그런 거 같아. 제법 엄청 즐겁게 일하고 있어요." (혜진과의 인터뷰 중)

학교 급식 노동자들은 이처럼 여성들은 중장년, 유자녀, 기혼 여성이라는 공통점과 더불어 육체적으로 힘든 일과 학교 내의 차별을 같이 경험하고 나누면서 단단한 동료애를 형성한다. 이 같은 동료애는 급식 노동자들이 힘들고 고된 노동, 직장 내 차별을 같이 견디게 해줄 수 있는 요소이며 더 나아가 동료가 불의에 처했을 때 함께 연대할 수 있게 하는 요소로도 작용한다. 혜진은 미경이 업무 중 다친 사실과 이를 학교 측에서 산재로 처리해주지 않았고, 병가조차 주지 않았다는 사실에 분노하며 동료를 대신해 영양교사와 행정실에 이의를 제기했다고 한다.

"그러다가 언니 상처를 보게 됐고 팔 데인 거. 이건 아니다 싶어서
(…) 언니들이 있었던 얘기, 학교에서 당했던 얘기, 겪었던 얘기 이
런 것들을 그때 듣고. 그리고 언니 상처를 봤는데 어… 이게 뭔가
순간 뭐라고 해야 하지? 허탈한 거지. 이렇게 취급을 하는구나. 나
는 한 달이라는 기간 동안에 너무 좋았거든. 왜냐면 사람이 좋아서
언니들이 너무. 일하는 것도 그렇고 서로 배려하고 맨날 하하호호
웃고. 근데 그 이면에, 뒷면에 있었던 그런 것들을 몰랐다가 이제 눈
에 보인 거잖아. 내 사람이라고 생각이 들었는데 이런 일을 당했다
고 생각이 드니까 화가 너무 많이 나서 그때부터 따지기 시작했어.
하나씩 하나씩 따지는데 그게 언니 팔 다친 거였어. (…) 법적인 걸
알아보기 시작했어. 노동법이나. 뭐가 문제가 되는지. 언니한테도
산재 관련돼서 (처리)했냐고 물어봤더니 학교에서 못하게 했다는
거야. 그래서 갔어 행정실에. 말이 안 된다. 어떻게 이럴 수가 있냐.
그래서 영양교사한테 얘기를 했어요. 불법이다 그거 (…) 만약에 산
재를 안 했더라도 개인 사비(치료) 이건 말이 안 되지 않냐. 그리고
쉰 것도 아니고 병가도 아니고 바로 나와서 일을… 어떻게 그럴 수
가 있냐. 지금 남아 있는 후유증도 이거 상처. 나는 치료했으면 좋겠
다고 언니한테 얘기했고. 언니는 또 치료하면 학교 측하고 껄끄러
워지는 그런 것들에 대한 (걱정)… 어찌 됐든 수면 위로 띄워 올려
야 하니까… 그런 것들이 또 마음에 부담이 있고. 이미 화상자국처
럼 이미 (상처가) 굳어 있고, 이거를 하는 시술이 레이저 시술 이런

거밖에 안 남아 있는 상태고 하니까 언니가 중간에 이런 부분을 접
더라고. 언니 스스로…. 정말 많이 울었어요. 그래서.” (혜진과의 인
터뷰 중)

혜진은 미경보다 입사를 늦게 하였는데, 입사 한 달 후에
미경과 가까워지면서 미경이 오래전 업무 중 청소를 하다가
팔에 화상을 입은 이야기를 듣게 된다. 혜진은 이미 자신이 오
기 전 일어난 일이지만 동료를 위해서 영양교사, 행정실 등에
항의한다. 당시에는 노조에 가입하지 않은 상태였기 때문에
혜진은 미경의 문제를 해결하기 위해 개인적으로 노동법을 알
아보기 시작한다. 이뿐만 아니라 혜진은 조리장 중심의 급식
실 체계를 변경하기 위해 나서기도 하였다. 학교 급식실은 조
리사와 실무사가 동등하게 순환하며 메뉴를 담당하는 순환제
와, 조리사가 메인메뉴나 양념 배합을 담당하고 조리실무사들
이 조리사를 보조하며 부찬이나 밥, 국을 담당하는 제도로 보
통 나뉘고 있다. 혜진이 일했던 학교는 본래 조리사가 메인메
뉴를 담당하는 체계였으나 이 같은 체계가 조리사인 미경에게
업무가 과중된다고 파악되어 혜진은 업무 체제를 순환제로 변
경하고자 했다. 특히 이 시기는 미경이 조리사로 직무가 변경
된 지 얼마 되지 않은 시점이었으므로 미경의 업무 부담이 컸
고, 이를 안 혜진이 다른 동료들과 논의하여 순환제로 체제를

변경한 것이다.

"오히려 지금은 체제가 좀 바뀌었어요. 원래는 조리장 중심이었는데. 그걸 바꾼 거지. 언니가 아프면서 (내가) 그걸 바꾸려고 언니들한테 얘기를 많이 하고. 그래서 조리장 중심에서 각자 개별요리로 바꾼 거예요. 각자 맡은 메뉴를 각자 하는 거예요. 그러면 물론 전반적인 건 언니가 하지만 조리장이 부담을 훨씬 덜 수 있거든. 일도 훨씬 줄어들고. 근데 그게 맞는게 누구 하나가 다치고 언니가 아플 수도 있거든, 조리장 언니가. 그러면 뭐 나랑 동시에 아플 수도 있어. 그러면 그렇게 안 해보고 (조리사가) 시키는 일만 했던 조리원들은 아무것도 못 할 거고. 그런 상황이 발생하지 말란 법은 없으니까. 그러기 위해서는 대비를 해야 하는 거고. 그래서 각자 파트를 해보고 돌아봐야 다른 사람이 얼마나 힘든지, 그거 할 때 (그 메뉴를 해보면서) 뭐가 문젠지 파악이 되고 계산이 되고 발전이 있으니까 해보자. 처음에는 반대도 있고 그랬지만 지금은 그렇게 바뀌어서, 그래서 언니가 좀 덜 힘든 거야. 덜 힘들기도 하고 심리적인 부담도 훨씬 덜하고." (혜진과의 인터뷰 중)

학교 급식 노동자들에게 급식 일은 경제적인 활동과 동시에 사회적 네트워킹이며, 이를 바탕으로 형성한 동료애는 이들의 힘들고 고된 일을 견딜 수 있는 요소로 작용한다. 아울러 동료와의 단단한 유대감은 동료가 불의에 처했을 때 이에 같이 분노하고 연대하게 만들며, 이 같은 연대를 바탕으로 노동자들은 더 나은 노동 조건과 환경을 만들기 위해 대응하고 있었다.

6

아줌마 아닌 노동자

앞 장에서 학교 급식이 가사노동의 연장선상에서 이해되고 있다는 내용을 살펴보았다. 학교 급식을 가사 노동의 연장에서 이해하는 것은 이들을 노동자보다는 '기혼 여성'으로 부르게 만든다. 우리는 급식 조리사를 포함해 사회의 다양한 곳에서 일하고 있는 여성 노동자를 '아줌마, 이모, 여사님' 등의 호칭으로 부르는 것을 심심치 않게 발견할 수 있었다. 이 같은 호칭은 기혼 여성을 지칭하는 것이다. 일을 하러 나온 노동자를 노동자가 아닌 기혼 여성으로 지칭한다는 것이 이상하지 않은가? 이렇게 노동자를 노동자로 부르지 않는 것은 어떤 효과를 가져올까?

일하는 여성들을 아줌마로, 언니로, 이모로, 여사님으로 부르는 것은 우리 사회의 여성 노동자들이 노동자 정체성을 부여받지 못하고 있다는 것을 의미한다(김경희·강은애, 2008; 장주리, 2019). 노동자 정체성을 부여받지 못했다는 것은 다시 말해 여성 노동자를 온전한 노동자로 보지 않는다는 말이다. 여성 노동자가 생계를 유지하기 위해 일을 한다고 생각하기보다는 '집안 살림도 해야 해서 풀타임 근무가 어려운' 부수적인 노동자로 인식하게 만든다. 나아가 이런 인식은 노동시장에서 여성노동자들을 주변화하고, 저임금을 받아도 된다고 인식하게 만든다.[*]

김은실(2003)은 여성이 남성중심적인 사회에서 그들의 사적영역 내 가장과 맺는 관계를 통해 정의되어지기 때문에 여성들이 사적영역에서 공적영역으로 나왔을 때 아줌마, 이모와 같은 사적인 호칭으로 불리게 된다고 하였다. 여성들은 사적영역인 가정에서 남편이나 자식을 위해 헌신하는 엄마, 아내로서 이해되고 있으며 이 같은 '엄마, 아내'들의 공적영역으로의 등장은 일탈을 의미해 아줌마라는 보다 익명적인 호칭으로 불리게 된다(김은실, 2003:175-176).

한국 사회에서 아줌마라는 단어는 흔히 여성 비하적인 의미를 담고 사용되고 있으며 특히 가정 밖 공적영역의 (기혼) 여

---

[*] '야쿠르트 아줌마'의 노동을 연구한 장주리(2019)는 기업이 여성 노동자를 기혼 여성 정체성(야쿠르트 아줌마)으로 전략적으로 호명하여 이들을 노동시장에서 주변화하고 이들의 저임금을 정당화해 복리후생에서 배제시켜왔음을 연구를 통해 밝힌 바 있다.

성에게 아줌마라는 호칭을 붙이는 것은 이들을 사적영역인 가정 내로 다시 위치시켜 노동자 정체성 형성을 방해한다(이경, 2017; 장주리, 2019). 이처럼 '아줌마'라는 호칭의 사용은 여성 노동자를 사회가 어떻게 인식하고 있는지 적나라하게 드러낸다. 이들은 일탈적인 존재로 노동자보다는 아줌마, 이모, 여사님과 같은 사적영역의 정체성으로 이해되고 있으며, 이 같은 정체성은 여성 노동자들 스스로도 자신을 노동자보다는 기혼 여성과 같은 호칭으로 호명하게 만들고 있는 것이다.

학교 급식 노동자들도 노동 현장에서 노동자 정체성보다는 기혼 여성의 정체성으로 이해되고 있었다. 많은 경우 학교 급식 노동자들은 '아줌마, 이모, 여사님'으로 불려져 왔고 이는 여성들의 노동자 정체성 형성을 방해하여 급식 노동자들조차 이 같은 정체성을 내면화하기도 했다. 노동자들은 '아줌마'로 자신들을 부르는 게 잘못된 것임을 알고는 있지만 정작 학생에게 자신을 지칭할 때, 자신과 동료들을 나에게 말할 때 본인과 동료를 '아줌마, 엄마, 이모' 등으로 소개하거나 부르고 있었다.

"영양교사들은 내가 (이름이) ○○이니까 '○○ 어머니' 이렇게 부르고 다른 조리(실무)사들도 '누구 어머니' 이렇게 부르지." (은영과의 인터뷰 중)

미경은 아이들 한 명 한 명에게 뜨거우니 조심하라고, 아이들이 국에 손을 델까 봐 식판에서 손을 떼라고 일일이 얘기해주었다. 중간에는 학생에게 "이모가 할게, 손 떼"라고 이야기했다. (관찰일지, 2022.06.30.)

한편 학교 급식 노동자를 포함한 학교 비정규직 노동자들의 노동조합이 2011년도부터 결성되기 시작했고 급식 노동자들이 노조에 가입하기 시작했다. 노조가 만들어진 뒤 학교 비정규직 노동자들의 직무의 명칭과 호칭을 변경하자는 운동이 시작됐다.[*] 이 같은 노조의 운동으로 인해 강원도, 경북 등의 지역에서 학교 비정규직의 명칭을 선생님으로 변경하거나 사용하도록 권장했다.[**] 이 같은 캠페인은 사회뿐만 아니라 급식 노동자 스스로도 자신을 노동자로 인식하게 만들었다. 급식 노동자들은 자신의 직장에서의 정체성을 '아줌마, 여사님, 이모'에서 노동자로 이동시켰고, 자신들을 여전히 아줌마라고 부르는 타 교직원들에게 예전처럼 침묵하기보다 명칭을 정정해달라는 대응을 선택한다.

---

[*]   김유미, "교무실 미쓰리? 급식실 아줌마? 우리 진짜 이름은 교육공무직", 오늘보다(2015.06.)

[**] 조현미, "아줌마 대신 선생님이라고 불러주세요", 매일노동뉴스(2011.12.22.)

"조리사님이라곤 안 해. 근데 학교행정실 직원이 처음에는 우리한테 '아줌마, 아줌마' 그런 거야. 그래서 공문도 내려왔어. 조리사님이라고 부르던지 아니면 같이 선생님이라고 하자. 그래서 영양사님한테 학교 회의할 때 얘기해주라고. 교장이나. 그 얘기를 했었어. 근데 교장이 탐탁지 않아 하는 것 같더라고. 뭘 그런 걸 얘기하냐 그런 식인 거야. 근데 당연히 '아줌마' 그렇게 부르는 건 아니잖아. 공문까지 내려왔어 그게. 옛날에는 그렇게 많이 불렀대. 행정실 직원도 그런 사람 있어. 지금은 많이 고쳤지. [공문 내려오고 나서 많이 바뀐 건지 아니면은…] 아니, 그 사람은 우리가 이제 얘기했어. 우리 아줌마 아니라고." (미경과의 인터뷰 중)

사회 인식 변화와 맞물려 급식 노조에서도 호칭 변경에 대한 캠페인 등을 벌인 덕분에 '아줌마'라는 호칭은 이전보다 현장에서 드물게 사용되고 있었다. 인터뷰에서도 호칭에 대해 물어보면 '예전에는 아줌마라고 불리는 경우가 많았으나 이제는 아닌' 경우가 많다고 했다. 그러나 영미만이 선생님으로 불리고 있었고, 그 이외에는 학생뿐만 아니라 영양교사, 타 교직원들로부터 여전히 여사님이나 어머님으로 불리고 있다고 했다. 나 또한 급식실에서 일을 하는 동안 학생이나 선생님들이 급식 노동자에게 아줌마라고 부른 경우는 보지 못했다. 그러나 일하는 내내 딱히 다른 호칭으로 불리는 일도 없었다. 한 학생이 급식 조리사에게 감사함을 표하며 선생님이라고 이야기한 것 이외에 급식 노동자들은 호칭으로 불리지 않고 있었다.

나를 비롯한 급식 노동자들은 학생이나 타 교직원들에게 호칭으로 불리고 있지 않았고, 급식 노동자들과 소통해야 할 때는 호칭이 생략된 채 대화만이 오고 갔다. 이는 노조의 호칭 변경 캠페인, 사회 인식 변화의 영향으로 '아줌마'라는 호칭이 직접적으로 노동자들을 향해 사용되고 있지는 않지만, 이를 대체할 수 있는 호칭이나 정체성이 아직 정착되지 않았다고 볼 수 있다.

이처럼 여성들은 아줌마라는 호칭에서는 벗어나고자 하지만 '이모'와 같은 호칭으로 여전히 자신을 지칭하고 있었고, 다른 교직원이나 영양교사가 자신들을 어머님, 여사님이라고 부르는 것에 대해 거부감을 갖고 있지 않았다. 여성 노동자를 폄하하기 위한 대표적인 호칭인 '아줌마'는 안 되지만 이보다는 상대적으로 괜찮다고 여겨지는 '이모, 어머님, 여사님'과 같은 호칭은 허용되고 있는 것이다.

급식 노동자들은 자신들을 아줌마라는 호칭으로 부를 때는 거부감을 느끼며 이를 정정해 달라고 하는 등 보다 일하는 노동자로서 자신들에 대한 정체성을 형성하지만 또 한편으로는 아줌마보다는 상대적으로 괜찮은 '이모, 여사님, 어머님'과 같은 호칭은 수용하는 모습을 보이는 등, '아줌마'와 같은 사적인 정체성과 노동자 정체성에서 혼돈되는 모습을 보이고 있었다.

7

노조활동으로 고립에서 벗어나기

급식실은 대부분 학교 내에서 공간적으로 분리되어 있다. 내가 근무한 학교도 급식실은 학생들의 교실, 교사의 교무실, 학교 행정실과 공간적으로 분리되어 있었다. 계약서를 쓰기 위해 행정실에 찾아간 근무 첫날을 제외하고는 학교 내의 다른 교직원들과 마주치지 못했다. 행정실의 직원, 교장, 교감 또는 교사들이 급식실에 볼일이 있어 일부러 찾아오거나 교직원들을 대상으로 하는 교육이 진행되는 날, 그리고 조리(실무)사들이 행정실에 갈 일이 있지 않으면 조리(실무)사들도 다른 교직원을 마주치는 일이 드물었다. 점심시간에 다른 교직원과 교사들이 식당으로 오기는 하지만 그 시간에 교직원들은 식사하기 바쁘고 급식 노동자들은 배식을 하기 위한 준비로 바쁘기 때문에 의미 있는 만남은 이루어지지 않았다. 또한 점심식사도 영양교사는 영양교사실에서, 학교 급식 노동자들은 학생

식당 한편에서, 급식 노동자들을 제외한 타 교직원들은 교직원 식당에서 따로 식사하였고 가끔씩 교직원 식당 내 음식이 모자라 음식을 더 달라고 이야기하는 경우를 제외하고는 타 교직원과는 마주치지 않았다.

이러한 물리적인 분리는 곧 학교 내 다른 교직원들과의 소통과 교류를 단절시키는 요소로 작용했다. 학교 조직도에 따르면 급식실은 행정실에 속해 있지만 급식 노동자들은 행정실에 소속감을 느끼지 못했고, 행정실의 다른 직원들과도 동료로서의 관계를 맺고 있지 않았다. 학교 급식 노동자들은 타 교직원들과 동등한 관계를 맺고 있지 못했을 뿐만 아니라 자신들과 학교의 다른 교직원들을 '급식 노동자/교직원'으로 분리시켜 인식하고 있었다. 이러한 분리의 바탕에는 고용 형태에 따른 조직 내 위계와 그에 따른 위화감이 있다.

2006년부터 시행된 공공부문 비정규직 정규직화에 따라 학교 급식 노동자도 비정규직에서 공무직(무기계약직)으로 고용 형태가 변화되었다. 그러나 무기계약직으로의 전환은 고용 안전 확보, 전환 전보다 소폭 상승한 임금과 복지 제공이라는 약간의 긍정적 성과가 있을 뿐 노동 조건은 전환 전인 비정규직과 다를 바 없다고 여겨지고 있다(조돈문·정흥준·남우근·김철, 2018). 이들은 정규직과 비정규직 사이에 긴 "중규직"(박옥주·손승영, 2011)으로서 존재하며 정규직 교직원 > 공무직(무기계약직)과 같은 위계 속에 놓여 있다. 학교 급식 노동자는 비정규직에서 공무직으로 전환[*]되었지만 이 같은 전환이 실질적으로 학교 내의 정규직인 타 교직원들과의 동등함으로 인정되고 있지 못하기 때문에 이들은 학교의 교직원이지만 교직원으로 존재하지 못했다.

"학교… 같은 소속집단인데 조리원들은 어떻게 보면 무인도에서, 외딴 섬에 사는 그냥… 학교 관계자가 아니라 그냥 따로야, 별개야. 그러다 보니까 신경도 안 써주고. (…) 또 고충이나 이런 것들에 대해서도 커뮤니케이션이 전혀 없고." (혜진과의 인터뷰 중)

"같은 직원이라고 생각을 안 해. (…) 애들 가르치는 데잖아. 그래서 거기서 뭐라 그래? 다 평등하다고 그러잖아. 근데 거기서도 계급이 있다니까. [학교 안에서요?] 어~ 심해 차별이 심해. 기간제 교사도 차별이 심하고…." (미영과의 인터뷰 중)

학교 급식 노동자인 조리(실무)사들은 학교 안에서 차별을

느끼며 여전히 자신을 '비정규직'으로 생각하고 있다. 타 정규직 교직원들과 구분 지어 생각하는 원인은 방학 중 비근무자로 구분*되는 것, 자신에게 주어진 연차를 자유롭게 사용하지 못함과 같은 차별적인 조직 문화에 있다. 이는 정규직 교직원들이 상시근로자로 구분되며, 자유로운 연차 사용을 하는 것이 그렇지 못한 급식 노동자들에게 위화감을 조성하고 있었다. 이 같은 물리적 고립, 고용 형태에 따른 차별을 바탕으로 급식 노동자들은 학교 안에서 소외되고 고립된다. 고립은 위에서 언급한 노동자들이 자신의 노동에 의미 부여를 어렵게 할 뿐만 아니라 노동자들의 노동 조건, 처우 개선 등과 관련 있는 의미 있는 정보로부터도 차단시킨다. 급식 노동자들은 교육청과 같이 학교 상위 기관에서 전달하는 공문에 접근이 어려웠고 항상 영양교사를 통해서만 공문이 전달되고 있었다. 공문에 직접적으로 접근이 불가능하기 때문에 급식 노동자들과 관련된 내용의 공문이 전달되지 않기도 한다.

---

* 학교 급식 조리(실무)사 들의 경우 방학 중 비근무로 분류되며 1년 중 3~4달의 임금이 지급되지 않고 있었다. 이들은 공무직으로 전환되며 고용의 안정성을 확보하였지만 정규직 교직원들처럼 상시근무로 분류되지 않으며 임금의 차별을 받고 있기 때문에 비정규직으로 정체화하고 있는 것이다(조혁진·김윤영·이태정·최인이, 2020:36).

연주: 교육청에서는 행정실로 내리잖아요. 내리면은 행정실에서 자
기네들이 우리한테 직접 안 할 거면 영양교사한테 보내가지
고 영양교사가 전달하게끔 해줘야 되잖아. 근데 그게 안 됐어.
내가 그런 게 뭐가 있는지도 모르고 그냥 아침에 자고 일어나
면 출근해서 일하고 또 그냥 퇴근하고⋯.

은정: 저는 친한 언니가 또 조리사거든요. 초등학교 조리사인데 이
제 매일 보는 언니니까, 친한 언니니까 이제 언니가 '야 오늘
이런 거 나왔는데 너네 몰라?' 이러면 모르는 거야. (연주, 은
정과의 인터뷰 중)

이처럼 학교 급식 노동자는 학교 내에서 물리적으로 고립
되어 있고, 때문에 학교 내의 위계적인 분리가 중첩되면서 소
외되고 있었다. 학교 급식 노동자들에 대한 이 같은 소외는 타
교직원들과의 소통을 단절하게 하고, 이를 통해 얻을 수 있는
정보로부터도 차단되게 만들고 있었다. 아울러 학교 급식 노
동자들은 자신들의 직접적인 근로 조건, 처우와 연결되는 정
보(공문)로의 직접적인 접근도 차단되고 있었다.

한편 노조의 설립과 더불어 많은 급식 노동자들이 노조에
가입하기 시작했는데 이들은 학교로부터 소외되는 것을 벗어
나기 위해 노조에 가입한다. 노조의 가입은 노동자들에게는
'힘이 된다.', '학교가 우리를 함부로 할 수 없게 만든다.'와 같

이 지지 세력을 형성하는 것으로 이해된다. 급식 노동자들에게 노조는 자신의 근무 조건, 휴가 사용, 임금 등과 같은 문제를 의논할 수 있는 소통 창구 및 지지 세력의 출현 등으로 이해된다. 지금까지 사적으로 해결해오거나 참아왔던 학교 측의 부당한 처우나 노동 조건 관련 문제를 노조 가입을 통해 보다 공식적으로 해결할 수 있게 되었기 때문이다. 그래서 노조 가입 사실을 전략적으로 학교 측에 알리면서 자신을 차별로부터 보호하고자 하기도 한다.

무엇보다도 노조 가입은 학교보다 발 빠르게 정보(공문)를 취득할 수 있는 창구로 이해되고 있었다. 학교 급식 노동자는 공문을 직접 열람할 수 없었고 대부분 영양교사나 학교 행정 직원을 통해서만 공문 내용을 전달받을 수 있었다. 이 같은 상황은 학교 급식 노동자가 정보를 전달해줄 수 있는 사람인 영양교사나 행정실 직원에게 전적으로 의지하게 만들고 이 과정에서 정보가 누락되거나 변형되어 전달되기도 한다. 이러한 상황에서 학교 급식 노조는 각 시도별 교육청의 공문을 단체 채팅방 및 네이버 BAND 등의 어플을 통하여 노동자들에게 빠르게 전달하고 있어 학교 급식 노동자들이 정보에서 누락되거나 단절되지 않도록 하고 있다. 뿐만 아니라 노조 활동을 통해 급식 노동자들은 다른 학교에 근무하고 있는 급식 노동자들과 소통이 가능해지기도 한다. 이 같은 정보를 바탕으

로 급식 노동자들은 행정실, 영양교사에게 질문하고 요구할
수 있게 된다.

> 은정: 그런 게 있던데요. 알아보셨어요? 이렇게 물어보게 되는 거지.
>
> 연주: 선생님 그게 아니고 그쪽은 이렇게 한다던데, 다시 한번 확인
> 해 보시라 이러고 하니까 그 사람들도 이제….
>
> 은정: 공문도 노조 가입돼 있는 사람들이 더 빨리 들어와요. 학교보
> 다 더 빨리 받을 때도 있어요. (은정, 연주와의 인터뷰 중)

학교 내의 수직적 위계관계 속에서 급식 노동자들은 일방
적인 소통에 익숙해져 있었으며, 각종 정보의 부족으로 병가
의 사용, 연차 미사용으로 인해 발생되는 수당, 산재 처리 등
에서 배제되어 왔다. 이에 대해 질문하거나 시정을 요구하기보
다는 자신의 문제를 사적으로 해결하거나 참는 등의 침묵을
택할 수밖에 없었다. 그러나 노조 가입 이후 급식 노동자들은
빠르고 정확한 정보력을 바탕으로 학교에 문제를 제기할 수
있게 된다. 혜진은 코로나19가 한창 확산 중에 학교가 온라인
수업으로 전환되어 급식이 중단된 상황에서 네 명 중 두 명씩
번갈아 출근하라는 학교 측의 요구를 그대로 수용하기보다
노조를 통해 노동자 측에게 더 유리한 정보를 확보한 뒤 영양
교사를 설득한다.

"지금은 오히려 이제 정보를 계속 내가 전화를 해서 노조 측에다가 알아봐 달라고 하고 교육청이랑 연결해 달라고 하고 하니까. 그 코로나 때도 (…) 그 두 달 반을 놀았거든요? 못 받았어. 급여를. 중간중간에 (급여를) 돌아가면서 받았어. 다 못 받고, 전액을 못 받고. (학교 측에서) 급식을 안 하니까 다 출근할 필요가 없지 않냐. 그래서 두 명씩 돌아가면서 나와라. 그니까 절반밖에 못 받은 거지 월급의. (…) 억울하잖아? 그래서 교육청에다 따졌고, 교육청에서는 국공립은 다 주라고 했대. 근데 사립은 학교장 재량이래 또. 그래가지고 그거를 선생님한테 어필했더니… 그거를 해야 되는지 말아야 되는지 결정하는 게 영양교사가… (영양교사가) 머리가 아프겠지만, 왜냐면 전례가 없으니까. 근데 우리 영양교사는 우리랑 그동안에 계속 (부딪히면서) 바뀌기도 했고, 그래서 우린 다 받았거든? 근데 저긴 같은 재단인데 절반밖에 못 받았어. 그러니까 그런 거. 거기는 노조 가입자가 없어. 가입하지 말라고 해. 우리는 노조 가입자가 있어서 이런 정보를 미리 받았고." (혜진과의 인터뷰 중)

이처럼 노조의 가입으로 노동자들은 빠르고 정확한 정보를 전달받을 수 있게 되었으며, 또한 다른 학교 급식 노동자와 소통이 가능해진다. 뿐만 아니라 노조는 정보 전달과 소통의 장으로 기능하는 것 이외에 교육의 장으로도 기능하고 있었다.

혜진과 동료들의 제안으로 참여했던 급식노조의 한 지부 모임에서 다양한 학교 급식 노동자들을 만날 수 있었다. 모임에서는 노조 간부들을 중심으로 현재 노조에서 중점적으로 다루고 있는 현안, 기존과 달라진 교육청의 지침이나 조항 등에 대한 교육이 이루어졌다. 뿐만 아니라 현실에서 무리한 영양교사나 교육청의 검열에 어떻게 대처해야 하며, 연차사용 및 연차를 사용하지 못했을 경우 받는 수당은 어떻게 산정되는지 등 노동자의 권리에 대한 교육도 진행되고 있었다. 또 노동자가 안전하게 일할 수 있도록 안전에 대한 지침도 교육하고 있었다.

학교 급식 노조는 일반 조합원을 대상으로 '교육 사업', '소통 및 고충 처리'라는 두 가지 방향으로 노동 조합을 유지하면서 노조의 조직력을 강화해왔다. 이처럼 학교 급식 노동자들은 노조가 제공하는 교육과 정확한 정보 전달, 소통을 통해 부당함에 대응할 수 있는 역량을 키워나가고 있었다(조혁진·김윤영·이태정·최인이, 2020:55-64).

더 나아가 학교 급식 노동조합은 이 같은 교육, 소통, 고충 처리 등과 같은 기능을 수행하는 것 이외에 노동운동을 통해 노동 환경 및 조건의 개선을 위해 앞장서고 있다. 학교 급식 노동자들을 포함한 '전국학교비정규직노동조합'에서는 노동

조합을 창립한 이래 급식 노동자들이 보다 안전하게 일할 수 있도록 노력했다. 이들은 먼저 불공정한 임금체계, 고용 형태를 개선하고자 했다. 학교의 다른 정규직 교직원들이 근속연수에 따라 자동으로 임금이 올라가는 호봉제이지만, 학교 급식 노동자는 근속연수가 올라가도 임금의 변화가 없다. 현재 학교 급식 노동자들의 기본급은 여전히 고정되어 있지만 노조의 활동이 변화를 불러오지 않은 것은 아니다. 노조는 학교 급식 노동자에게 지급되지 않았던 각종 수당을 지급될 수 있게 하여 그들의 낮은 기본급을 보완할 수 있도록 하였다. 여전히 정규직 교직원들이 받는 수당과는 차이는 있지만 이들에게 근속수당, 위험수당, 자녀수당을 지급하여 노동자들의 낮은 임금을 보완할 수 있게 하였다.

또한 이들은 지속적으로 안전하게 일할 권리에 대해 주장해왔다. 인력 충원을 통해 노동강도를 낮추고자 인력배치 기준을 하향할 것과 근골격계질환과 학교 급식 노동의 관계성에 대한 연구, 급식실 내 환기 시설과 조리나 청소를 하며 발생하는 유해물질에 대한 연구 등을 발표하고 급식실 내 환경을 개선할 수 있도록 논의하는 토론회를 개최하며(심상정·정진후·민주노총·학교비정규직 연대회의, 2012; 윤영덕·강은미·민주노총·직업성환경성암환자찾기119, 2018) 학교 급식 노동자의 노동 실태를 드러냄과 동시에 개선하고자 한다. 뿐만 아니라 이들은 노동조합원들과의 연대를 통해 집단행동인 파업, 1인시위 등을 통해 보다 안전하고 평등하게 노동자가 일할 수 있도록 노력하고 있다.

현재는 기존에 계속 요구해왔던 차별적인 임금과 수당, 고용 형태를 시정할 것과 특히 최근 학교 급식 노동자들이 폐암으로 사망하고 이 같은 사망의 원인이 조리 과정 중 발생하는 발암물질(조리흄)임이 밝혀지면서 보다 안전하게, 죽지 않고 일할 수 있도록 노동 환경 개선에 대한 예산을 편성하고 대책을 마련할 것을 요구하고 있다. 이 같은 노동자들의 요구에 따라 전국시도교육감협의회 총회에 학교 급식실의 안전 대책에 대한 안건을 상정하기도 하였다.[*]

이처럼 학교 급식 노동자들은 노동 현장에서 자신의 전문성과 동료와의 연대를 바탕으로 노동 현장에서 열악한 노동 조건을 개선하기 위해 대응하고 있었고, 노동 조합을 통해 보다 전국적인 단위로 연대하며 더 나은 일터, 안전한 일터를 만들기 위해 노력하고 있다.

---

[*] 김정현, "“급식실 폐암 해결하라”… 학교 비정규직, 단식농성 돌입", 뉴시스 (2022.12.05.)

갈수록 더워지는 여름 날씨, 출근을 하려고 지하철역까지 걸어가 플랫폼에 서서 열차를 기다리는 아침에 문득 더웠던 급식실이 생각난다. 안 그래도 더운 여름날에 쉴 새 없이 끓이고, 찌고 볶는 조리실. 매일 락스로 닦아도 다음 날이면 올라오는 여름날 급식실의 책걸상 밑 곰팡이들. 습도와 뜨거운 물로 인해 숨막히는 세척실. 나와 같이 일을 했던 동료들은 올해 여름을 무탈히 보내고 있을까.

이런저런 생각이 들 때쯤 지하철이 도착하고, 시원한 에어컨 바람에 땀을 식히며 시간을 때우려고 핸드폰을 들여다본다. 뉴스와 즐겨 보는 영상들이 밤 사이에 쌓여 있다. 생각 없이 그런 것들을 보고 있다가 문득 뉴스나 영상에 '급식'이라는 단어가 나올 때가 있다. 급식 노동에 대해 연구를 하기로 한 순간부터 (어쩌면 그 전부터) 연구를 마친 지금까지도 뉴스 기사나 미디어에 학교 급식 노동자들이 나오면 나는 가슴이 뜨끔

하곤 한다. 나온 지 몇 개월이 지난 기사를 볼 때는 급식 노동
에 대해 연구를 했다는 사람이 이런 기사가 나왔었는지도 모
르고 있었다는 죄책감이 들기도 하고, 또 누가 다쳤다는 기사
를 보면 걱정이 되어 내용을 정확히 읽기가 두렵기도 하다. 짧
은 기간이었지만 같이 일을 했던 동료들, 가장 밀접하게는 조
리실무사인 나의 엄마의 이야기가 될 수 있다는 생각이 들어
서일까. 그래도 마음을 다잡고 기사를 읽어보기로 한다.

　최근에는 한 자치구에서 학교 급식실의 노동 강도를 줄이
기 위해 학교 급식의 식기 세척 업무를 외주화하기로 했다는
기사를 보았다.* 해당 구가 이 같은 세척작업 외주화를 추진한
이유는 몇 달 전 인터넷에서 화제가 되었던 부실 급식** 논란
때문이다. 급식판 위에 밥과 국, 한 개의 반찬밖에 없는 사진이
인터넷에서 화제가 되었고, 이 같은 문제의 원인으로 급식실
인력난이 지적되었다. 그래서 해당 자치구에서는 급식실의 인
력난의 원인인 강도 높은 노동 강도를 경감하고자 식기 등의
세척을 외주화한 것으로 보인다. 급식 노동자들의 업무 강도
가 줄어들지 그 실효성은 지켜봐야 하겠지만 이 같은 외주화

---

* 　김나운, "서초구, 학교급식 식기 렌탈·세척 첫 도입", 대한급식신문
　　(2025.08.19.)

** 　곽동건, ""조리사 2명이 1천 명 급식"… '서초구 중학교' 맘카페 발칵", MBC
　　NEWS(2024.05.07.)

가 근본적인 문제 해결이 되기는 어려워 보인다.

학교 급식실은 꽤 오래 인력난을 겪었다. 급식실에서 일할 사람이 없다는 문제는 예전부터 제기되어왔다. 그도 그럴 것이 급식 노동자에 대한 급여나 처우는 열악한데, 일은 일대로 힘들어 노동자들은 골병이 난다. 각종 근골격계질환을 포함해 화상과 베임, 절단, 심지어 폐암까지. 사명감으로 그나마 버텨온 기존 노동자들도 더 이상 버티지 못하고 나가는 상황에 누가 이 일을 선택할까.

그렇다면 무엇이 근본적 해결책이 될 수 있을까?

그러고 보니 갑자기 생각나는 일이 있다. 연구논문을 쓴 지 얼마 지나지 않아 어떤 신문사의 기자가 급식 노동과 관련한 기사를 쓴다며 나에게 몇 가지 질문을 해 왔다. 그중 기억에 남는 것이 급식 노동자들의 인력난이 심각한데, 앞으로 우리가 급식을 지속하려면 이를 어떻게 해결할 수 있을지였다. 나는 기자에게 급식 노동자의 처우 개선, 노동환경 개선, 급식 노동에 대한 인식개선이 필요하다고 말했다.

세상의 많은 것이 그러하듯 급식실의 문제도 유기적으로 얽히고설켜 있다. 다시 말하면 하나의 문제를 해결하기 위해서는 문제에 대한 종합적이고 다각적인 이해와 접근이 필요하다. 급식실의 가장 고질적인 문제 중 하나는 급식 조리(실무)사 한 명이 담당하는 급식인원수(배치기준)가 많다는 것이다. 학교 급식의 배치 기준이 성인을 대상으로 하는 공공기관 평균 배치 인력보다 약 2배 가까이 높다는 사실은 이미 많이 알려져 있다.[*] 급식실의 배치기준이 높다는 말은 급식 노동자가 적고, 각자가 담당해야 하는 식수가 많다는 이야기로 결국 노동강도가 높을 수밖에 없다는 결론에 도달한다. 노동강도가 높으면 결국 노동자는 골병이 날 수밖에 없다. 그러나 아파도 휴가나 병가를 쓰기 어렵다. 나의 부재가 동료에게 부담이 된다는 걸 급식 노동자들은 너무도 잘 알고 있다. 급식실에 인원수라도 많으면 그 부담이 훨씬 덜할 텐데 현실이 그렇지 못하다 보니 급식 노동자들은 아파도 쉴 수 없다.

더군다나 급식실의 근무환경은 안전하지 못하다. 노동자들은 일상적으로 미끄러지고, 넘어지고, 찧이거나 부딪히고 데인다. 볶거나 튀길 때 나오는 발암물질로 인해 폐암에 걸리기도 한다. 부상과 질병의 위험에 항상 노출되어 있다. 이렇게 힘들게 일해도 돌아오는 건 타 교사, 교직원들과 다른 처우, 낮은 임금이다.

이렇게 급식실의 문제는 몇 개의 실이 엉켜 있는 것처럼 연결되어 있다. 강도 높은 업무를 적은 인원이 수행하다 보니 노

---

[*]　최현주, ""노동자들의 외침" 이러다간 학교급식 다 무너진다", 오마이뉴스 (2023.10.31.)

동자 한 명당 많은 업무를 해야 하고, 축적된 피로와 힘듦이 결국 몸이 아프게 만든다. 내일의 일을 수행하기 위해 노동자들의 노동력이 '재생산'되어야 함에도 불구하고 과중한 업무로 인해 재생산이 어려우며 몸에 쌓이고 쌓인 긴장과 힘듦으로 인해 노동자의 몸은 병들어 간다. 높은 배치기준이라는 하나의 문제가 노동강도를 높이고, 노동자를 병들게 하며, 노동자를 쉴 수 없게 만들어 급식 일자리를 기피하게 만드는 데 기여한다. 여기에 안전하지 못한 업무 환경과 차별적인 근로조건이 더해져 급식 일자리 기피 현상이 심각해지는 것이다.

아울러 급식 노동자에 대한 사회적인 낮은 인식과 저평가도 문제이다. 세계적으로 한국의 급식이 인정받을 수 있었던 것은 정부의 정책과 지원뿐만 아니라 현장에서 급식을 안전하고, 영양가 있고, 맛있게 만들어 제공하는 급식 노동자들의 수고 덕분이다. 그들이 가진 능력, 즉 대량 조리에 대한 기술과 노하우는 인정받아야 마땅하다. 사회적으로 학교 급식 노동은 단순 노동이라는 인식에서 벗어나 숙련 노동으로서 조명받을 필요가 있다.

우리 사회에서 대부분 숙련노동과 전문직으로 평가되는 기준은 수능, 공채시험과 같은 각종 시험 통과 여부, (사회적으로 인정받는) 자격증 여부 등 매우 좁은 기준에서만 고려되고 있다. 그러나 숙련은 매우 다양한 형태로 형성될 수 있다. 숙련은 학교에 진학하여 관련 공부를 하며 쌓을 수도 있고, 또는 현장에서 일을 하며 경험을 통해 형성될 수도 있다. 학교 급식의 숙련은 노동자 개인이 각자의 삶에서 개별적으로 축적해온 요리와 청소에 대한 지식과 역량을 바탕으로 발현되기도 하지만, 몸소 대용량 요리를 해보며 조리법을 익히고, 또 오랜 시간 시행착오와 성공을 겪으면서 많은 양을 빠르게, 그리고 맛있게 만드는 방법을 고민하며 터득해 노하우를 체득하여 나타나기도 한다. 그러나 아직까지 다양한 숙련과 능력에 대한 이해나 보상이 이루어지지 않고 있다. 여전히 '좋은 대학, 고학력, 대기업 입사, 고시합격'과 같은 영역에서만 숙련과 능력이 인정되고 있기 때문에 다양한 숙련, 다양한 능력에 대한 상상력이 결여되어 있다. 우리는 보다 다양한 숙련에 대해 생각해 보아야 하며, 그에 대한 보상이나 인정이 어떻게 이루어질 수 있을지 사회적 고민이 필요하다.

이런저런 생각이 들 때쯤 어느덧 역에 도착하여 내리기 위해 문 앞에 섰다. 지하철 문이 열린다. 찜통 같은 열기가 훅 들어온다. 시계를 보니 8시가 조금 넘었다. 급식실에서는 아마 오전에 검수를 마치고 아침조회를 하고 있을 것 같다. 고된 일을 하는 그들이지만 그들은 언제나 항상 웃었고, 그래서 급식실 분위기는 자주 밝았다. 힘든 여건 속에서 일하고 있지만 그들은 그럼에도 밝게 일하며 묵묵히 자신의 자리에서 주어진 일을 하고 있다.

혹자는 그들에게 '밥하는 아줌마'라고 하지만, 누가 뭐래도 그들은 '아무나 할 수 없는 일'을 하고 있는 베테랑 요리사이며, 선생님이라고 불리지는 않지만 누가 뭐라고 해도 학교의 일원으로서 아이들을 먹이고 또 교육하며 보살피는 존재이다. 급식이 지속될 수 있기 위해서는 급식을 만드는 급식 노동자들에 대한 처우 개선, 노동환경 개선, 급식 노동에 대한 인식 개선을 통해 급식 일자리를 보다 좋은 일자리로 만들어야 한다. 급식 노동자가 지속되어야 학교 급식도 지속될 수 있을 것이다.

1. 논문과 단행본

강이수 외(2009), 『일·가족·젠더: 한국의 산업화와 일-가족 딜레마』, 파주: 한울.

강이수·신경아(2001), 『여성과 일: 한국 여성 노동의 이해』, 서울: 동녘.

강인순(2010), "경남지역 비정규직 여성 노동자 고용실태-공공부문 학교 비정규직을 중심으로", 『인문논총』, 25(0), 57-109.

교육부(2016), 『학교급식 위생관리 지침서』

구명숙·홍상욱(2005), "기혼여성의 재취업 구조에 관한 사례연구", 『가정과 삶의질연구』, 23(3), 153-167.

권수현(2013), 『제도화 과정에서 나타난 돌봄노동의 성격에 관한 연구: 성별화된 관계 노동 특성을 중심으로』, 연세대학교 대학원 박사논문.

금재호(2014), "새로운 접근이 필요한 여성고용정책", 『노동리뷰』, 111, 1-2.

김경희·강은애(2008), "돌봄노동의 상품화를 통해 본 모성과 노동", 『담론 201』, 10(4), 71-106.

김경희·류임량(2009), "여성운동과 일-가족 양립 제도화", 『일·가족·젠더: 한국의 산업화와 일-가족 딜레마』, 파주: 한울.

김난주(2022), "여성노동시장 변화와 고용서비스 강화를 위한 과제: 새일센터를 중심으로", 한국여성정책연구원 세미나자료, 2022(07), 13-31.

김미주(2000), 「성, 숙련, 임금」, 『노동과 페미니즘』, 171-196.

김양지영(2005), 『여성 노동 비정규직화 기제의 성차별적 성격에 관한 일 연

구: 호텔산업 사례를 중심으로』, 이화여자대학교 대학원 석사논문.

김유선(2019), "한국 노동시장의 구조와 쟁점", 『한국노동사회연구소 이슈페이퍼』, 4.

김은실(2003), "아줌마들이 만드는 탈성별화의 세상을 기대하며", 『당대비평』, 174-192.

김이선·이상직·권현지(2019), "위기 속 노동시장 진입 세대의 노동이동을 통해 본 위기 후 한국 여성노동시장", 『한국여성학』, 35(1), 1-37.

김종숙·김영옥·강민정·이시균(2013), 『여성다수직종 근로조건 실태파악 및 개선방안 연구』, 여성가족부.

김태홍(2000), "여성 경제활동참가의 결정요인과 특징", 『여성연구』, 59, 6-35.

김태홍(2003), "여성 일자리 창출을 위한 정책과제", 『신정부 여성정책의 추진방향 및 중점과제』, 여성정책포럼, 1, 20-26.

김태홍·양인숙·배호중·금재호·이상준(2012), 『경제성장전략과 여성일자리 (III)』, 한국여성정책연구원 연구보고서, 2012(20), 1-400.

김현미(2008), "페미니스트 지리학", 『여/성이론』, (19), 276-293.

김현아(2016), 『'감정노동' 개념의 오용과 재평가에 관한 연구: 콜센터 노동 사례를 중심으로』, 이화여자대학교 대학원 석사논문.

김혜경(2004), "보살핌노동의 정책화를 둘러싼 여성주의적 쟁점", 『한국여성학』, 20(2), 75-104.

김혜영(2015), 『플랜트 건설업 성별 직종 분리의 통념과 실제: S 업체 노동과정을 중심으로』, 이화여자대학교 대학원 석사논문.

김효정(2009), 『저소득층 기혼여성의 노동의 의미에 관한 연구: 소규모 식당 노동 종사자를 중심으로』, 이화여자대학교 대학원 석사논문.

나윤경(2007), "여성주의 시각으로 분석한 여성인력개발센터 교육 프로그

램”, 『평생교육학연구』, 13(1), 133-159.

남국현·정경숙(2019), “남녀 근로자의 숙련향상에 관한 연구”, 『아시아여성연구』, 58(3), 33-71.

남상균·장재호(2003), 『여성 직종 노동시장 및 직업능력개발에 관한 연구』, 서울: 한국산업인력공단.

문현아(2012), 「글로벌 사회변화 속 젠더화된 돌봄노동의 이해」, 『돌봄노동자는 누가 돌봐주나?: 건강한 돌봄노동을 위하여』, 16-56.

민현주 외(2007), 『사회서비스 분야 여성일자리 창출을 위한 정책과제』, 한국여성정책연구원 연구보고서 2007(7).

박숙자·한국여성단체협의회(1996), 『주부 인력 활용방안 강구 및 실천: 주부의 취업활동과 자원봉사활동에 대한 요구조사를 중심으로』, 서울: 한국여성단체협의회.

박옥주(2010), 『비정규직 보호법과 여성의 노동 경험』, 동덕여자대학교 대학원 박사논문.

박옥주(2016), “청소용역 여성노동자의 노동조건과 일 경험”, 『한국여성학』, 32(2), 217-251.

박옥주·손승영(2011), “무기계약직 전환 여성의 ‘중규직’ 경험”, 『한국여성학』, 27(1), 75-115.

박현미(2010), “돌봄노동 일자리 특징과 저평가 문제”, 『노동저널』, 2010(10), 183.

박홍주(2005), “여성노동자의 ‘건강권’ 개념 확대를 위한 시론”, 『여성건강』, 6(1), 71.

박홍주(2009), 『이주여성 가사노동자의 경험을 통해 본 돌봄노동의 의미구성과 변화』, 이화여자대학교 대학원 박사논문.

백경흔(2021), “무급 돌봄노동 비숙련 통념에 대한 비판적 고찰”, 『한국여성학』, 37(4), 41.

백학영(2016), "돌봄노동의 일자리 질 변화 분석", 『지역과 세계』, 40(1), 189-218.

사회적재생산연구회(2010), 『여/성 노동, 가치를 말하다』, 광주: 전남대학교 출판부.

새정치국민회의·여성위원회(1999), 『여성실업 탈출: 새정치국민회의가 함께 합니다』, 서울: 새정치국민회의 여성위원회.

서울특별시교육청(2010), 『학교 보건·급식 60년사』, 서울: 교육과학기술부 학생건강안전과.

서울특별시교육청(2021), 『꼭 알아야 할 학교 급식시 산업안전보건 매뉴얼』

서울특별시교육청(2022), 「2022학년도 학교급식 기본방향 개정안」

세계화추진위원회(1995), 『세계화의 비전과 전략』, 세계화추진위원회.

세계화추진위원회(1998), 『세계화백서』, 세계화추진위원회.

세종특별자치시교육청 교육정책연구소(2017), 『학교급식 종사원 직무실태 분석을 통한 근무여건 개선 방안』, 세종교육정책연구.

손인서(2020), "성별화·인종화된 돌봄노동과 여성 중국동포 돌봄노동자의 노동 경험", 『한국여성학』, 36(4), 95.

송다영·백경흔(2018), "사회적 돌봄 부문으로의 남성참여 확대를 위한 시론적 연구", 『한국여성학』, 34(4), 207-238.

신경아(2005), "'저임금 여성노동자'와 노동시장 담론", 『여성학논집』, 22(2), 3-34.

신경아(2009), 「산업화 이후 일-가족 문제의 담론적 지형과 변화」, 『일·가족·젠더: 한국의 산업화외 일-가족 딜레마』, 파주: 한울, 83-127.

신경아(2016), "여성노동시장의 변화에 관한 여덟 가지 질문", 『페미니즘 연구』, 16(1), 321.

신경아(2017), "비정규직 여성노동자의 교차적 차별 경험에 관한 연구", 『한국여성학』, 33(4), 77-118.

신경희(2016), "학교 비정규직 노동자들의 경험 연구", 『한국여성학』, 32(3), 189-220.

심상정·정진후·민주노총·학교비정규직 연대회의(2012), 학교급식 조리노동자 건강실태 및 작업환경 개선 토론회 자료집.

안숙영(2011), "젠더의 렌즈로 본 공간 공간의 렌즈로 본 젠더", 『로컬리티 인문학』, (5), 305-316.

윤민재(2013), "학교 비정규직 여성노동자에 대한 차별과 배제의 연구", 『사회과학연구』, 21(1), 144.

윤영덕·강은미·민주노총·직업성환경성암환자찾기119(2018), 『학교급식노동자의 건강과 안전을 위한 대안모색 토론회: 학교급식 노동자 폐암 사태, 무엇이 문제이며, 무엇을 할 것인가?』 토론회 자료.

윤자영(2010), "돌봄서비스 일자리의 실태와 정책과제", 『국제노동브리프』, 8(3), 1-3.

윤자영(2020), "무급 돌봄노동의 경제적 가치", 『노동리뷰』, 23-34.

이경(2017), "아줌마의 '페밍 인'", 『여/성이론』, (36), 126-139.

이소진(2019), 『표준노동시간 단축이 중년여성의 일과 생활에 미치는 영향-B 대형마트 캐셔를 중심으로』, 이화여자대학교 대학원 석사논문.

이영자(2004), "신자유주의 노동시장과 여성노동자성: 노동의 유연화에 따른 여성노동자성의 변화", 『한국여성학』, 20(3), 99.

이윤근(2021), "학교급식실 작업환경과 직업법", "학교급식노동자의 건강과 안전을 위한 대안모색 토론회: 학교급식 노동자 폐암 사태, 무엇이 문제이며, 무엇을 할 것인가?" 발표자료.

이윤근·허승무·한인임·박지혜(2012), "학교 급식 조리원의 근골격계질환 발생

특성 및 작업환경 평가 결과", 학교급식 조리노동자 건강실태 및 작업환경
　개선 토론회, 7-49.

이윤재(2012), "학교비정규직의 실태와 개선방안", 『월간 복지동향』, (169),
　40-46.

이재경(2004), "노동자계급 여성의 어머니 노릇(mothering)의 구성과 갈등:
　경인지역을 중심으로", 『사회과학연구』, 12(1), 82-117.

이재경·이은아·조주은(2006), "기혼 취업 여성의 일·가족생활 변화와 한계",
　『한국여성학』", 22(2), 41-79.

이현숙(2003), 『기혼여성의 노동단절과 지속에 관한 연구』, 이화여자대학교
　대학원 석사학위논문.

이혜경(1993), "경제성장과 아동복지정책의 변용", 『한국아동복지학』, (1),
　199-223.

장미경(2009), "취업여성의 일-가족 갈등과 국가", 『일·가족·젠더: 한국의 산
　업화와 일-가족 딜레마』, 파주: 한울.

장미현(2017), "산업화 시기 정부와 여성단체의 '여성직종' 구상과 여성들의
　대응", 『아시아여성연구』, 56(2), 125-156.

장성자·김양희·김태홍·박진수·서명선(1995), 『여성의 역할과 지위의 세계화
　10대 과제(안)』, 한국여성정책개발원.

장주리(2019), 『'야쿠르트 아줌마'라는 기혼여성 노동 양식의 구성』, 이화여자
　대학교 대학원 석사학위논문.

정경아(1999), 『여성주의적 직무평가를 위한 연구: 청소원과 경비원의 직무비
　교를 중심으로』, 이화여자대학교 대학원 석사논문.

정최경희 외(2004), "초등학교 급식 조리노동자의 근골격계증상 위험요인에
　대한 다수준분석 연구", 『대한직업환경의학회지』, 16(4), 436.

조돈문·정흥준·남우근·김철(2018), 『공공부문 비정규직 제로화의 길: 무기계

약직 정책을 넘어』, 매일노동뉴스.

조세현(2011), "여성정책 담당기구 제도화의 패러독스", 『여성학논집』, 28(2), 37.

조수철·김영미(2020), "한국 노동시장 내 직종의 여성화와 성별 임금격차: 가치절하 기제의 성별화된 임금효과", 『산업노동연구』, 26(3), 283-322.

조은(1996), 『절반의 경험 절반의 목소리: 여성 정책의 현장』, 서울: 미래미디어.

조혁진·김윤영·이태정·최인이(2020), 『성별화된 노동시장과 여성중심직종 노동자의 이해대변』, 한국노동연구원, 05.

최민·이진우·이혜은·김정수(2012), "학교급식조리노동자의 노동조건과 건강관련 삶의 질의 관련성", 『대한직업환경의학회 학술대회 논문집』, 395-396.

하연섭(2006), "정책아이디어와 제도변화: 우리나라에서 신자유주의의 해석과 적용을 중심으로", 『행정논총』, 44.

하현철(2021), "학교급식실 환기장치 문제점과 개선 방안", "학교급식노동자의 건강과 안전을 위한 대안모색 토론회: 학교급식 노동자 폐암 사태, 무엇이 문제이며, 무엇을 할 것인가?" 발표자료.

한국교육환경보호원(2020), 『사진과 기사로 보는 학교급식 시간여행』.

한미경(2011), 『공적영역(Public Sphere)에서 수행되는 노인 돌봄노동 성격에 관한 연구: 장기요양보험법 시행에 따른 방문요양보호사의 경험을 중심으로』, 이화여자대학교 대학원 석사논문.

황도연(2020), "교육공무직의 현황과 운영상 쟁점", 『이슈와 논점』, 1657.

Armstrong(2013), "Puzzling skills: Feminist political economy approaches", Canadian Review of Sociology, 50(3), 256.

Crompton. R. & Lyonette. C.(2005), "The new gender essentialismdomestic and family 'choices' and their relation to attitudes", British Journal of Sociology, 56(4), 601.

Dalla Costa. M.(2020), 『페미니즘의 투쟁: 가사노동에 대한 임금부터 삶의 보호까지』, 이영주·김현지 옮김. 서울: 갈무리.

Duffy. M.(2011), "Making care count: A century of gender, race, and paid care work", New Brunswick, N.J.: Rutgers University Press.

Folbre. N.(2007), 『보이지 않는 가슴: 돌봄 경제학』, 윤자영 옮김, 서울: 또하나의문화.

Hartmann(1985), 「자본주의, 가부장제, 성별분업」, 『제3세계 여성노동』, 여성평우회 옮김, 서울: 창작과 비평사.

Tronto. J. C.(2014), 『돌봄 민주주의: 시장, 평등, 정의』, 김희강·나상원 옮김, 서울: 아포리아.

2. 기타 자료

KBS, "조리사 폐암 산재 올해만 14명, 급식실내 발암물질 조리흄 노출", 2021.12.01., 검색일: 2022.12.04.

MBC NEWS, "조리사 2명이 1천 명 급식…'서초구 중학교' 맘카페 발칵", 2024.05.07., 검색일: 2025.08.20.

경향신문, "法制定(법제정)·政策的(경제적) 뒷받침 절실 擴大(확대)되어야 할 學校給食(학교급식)", 1980.05.19., 검색일: 2022.12.04.

뉴시스, ""급식실 폐암 해결하라"… 학교 비정규직, 단식농성 돌입", 2022.12.05., 검색일: 2022.12.27.

대한급식신문, "서초구, 학교급식 식기 렌탈·세척 첫 도입", 2025.08.19., 검색일: 2025.08.20.

매일노동뉴스, "아줌마 대신 선생님이라고 불러주세요", 2011.12.22., 검색일: 2022.11.27.

서울경제, "빵 먹게 해 미안해"… 학교로 돌아온 조리원들의 '특별한 점심', 2021.10.21., 검색일: 2022.12.05.

연합뉴스, "파업에 학교 급식 중단… "아이들 어쩌라고"vs"정당한 권리"", 2017.06.30., 검색일: 2022.06.24.

오늘보다, "교무실 미쓰리? 급식실 아줌마? 우리 진짜 이름은 교육공무직", 2015.06., 검색일: 2022.11.27.

오마이뉴스, "노동자들의 외침 "이러다간 학교급식 다 무너진다"", 2023.10.31., 검색일: 2025.08.20.

우먼동아, "주부 3인의 생생 체험기: 전업주부로 살다 취업에 성공한~", 2008.07.18., 검색일: 2022.10.10.

조선일보, "학교 給食(급식) 부활 방침", 1979.05.20., 검색일: 2022.12.04.

조선일보, "學校給食(학교급식) 올부터 有償(유상)", 1969.01.16., 검색일: 2022.12.04.

지역내일, "전업주부 재취업 위한 급식조리원 양성과정", 2011.04.15., 검색일: 2022.06.08.

한겨레, "건설업은 위험, 돌봄은 안전?… 성별 편견에 가려진 여성 산재", 2021.07.13.

한겨레, "코끼리 두 마리 들어 급식을 짓다, 아줌마 아닌 조리사", 2018.04.12., 검색일: 2022.11.17.

〈밥 짓는 여자들〉 독자 북펀드에
참여해주신 분들께 감사드립니다.

sol

강지현

강태현

고일

금소헌

김경은

김근성

김도연

김미양

김민선

김민아(사회학)

김병엽

김성이

김세원

김영애

김윤주

김이술

김조영

김주영

김지양

김태은

김하진

김현경

노문희

도병현

독서공동체 들불

무표정

문선형

박소라

백동현

백수영

보거스

성기남

성미산알루

손형선

송신아

신소라

신수진

썸머

안소현

여은영

연어

예서
유금령
유혜진
윤연지
윤예원
이권열
이기혁
이세민
이순신
이윤경
이은옥
이현경
이홍
임재연
임지홍
임태산
장순주
전영민
정구원
정기범
정다민
정다운
정수경
정지수
조현주
주용근
지혜
책방지기 시월
최미정딸 송운진
최민규
최은지
탱굴
학비노조 김유리
학비노조성북조합원
한병민
한형숙
한형희
혜선
홍명주
황선희
히히히히쩡